雲南雜誌社廣告

（十三號已出）

調查詳確議論正大久爲全國學界所公認不待贅呈而每號多譯載英法越緬關於滇桂之重要書報揭載駐法英越緬訪員之重要信件西南外患燎如觀火尤於祖國報界中放一特別異彩計全年十二册報資二元半年六册報資一元一角郵費每册一分凡欲購者均可向河南雜誌社或其代派所訂購抑或直接向本社函訂尤妙至滙兌不便之處用中國或日本郵票訂購亦可但須增收十分之一此佈

日本東京神田駿河臺西紅梅町六番地

雲南雜啓社謹啓

晉乘廣告

本社六大主義一發揚國粹二融化文明三提倡自治四獎勵實業五收復路鑛六經營蒙盟議論精實深邃迥非浮夸皮傅者所能企及其中研究國語闡釋古學者諸篇尤爲空前絕後之作文藝一欄更能滌舊革新獨樹一幟咸有裨益社會之文不類無關時世之作誠文明時代無雙之饒將雜誌世界唯一之霸王也第一二號出版後大受社會歡迎三號現己付梓不日出書識時之傑有志之士曷一覽焉如欲訂購者祈逕函達本社或向雲南四川河南夏聲諸雜誌社訂閱皆可

每册一角四分半年六册七角全年十二册一元二角

日本東京神田區仲猿樂町五番地

晉乘雜誌社

國報第一出板

本報以**指導國民獨立提倡地方自治**爲主義數年來吾國所聚訟之政見一旦爲根本之解決如士委地眞國民之箴言寶訓而救亡之金科玉律也神洲無直言久矣放便嬖之淫辭造公正之輿論其在斯乎文辭法理質文彬彬現代吾國政治界唯一之大雜誌也憂時之士其亦先睹爲快乎二號付梓不日出版如欲訂購者祈逕函達本社或向雲南四川河南晉乘夏聲各雜誌社及各支部訂購皆可。

全年十二册二元　半年六册一元一角　零售一册二角

日本東京神田區中猿樂區五番地

國報社啓

四川雜誌各代派處

成都四川雜誌社支部	四川省城學道街志古堂轉邵明叔
重慶本社支部	四川省重慶城督郵街廣益書局
嘉定寶善書局	四川省嘉定府城內土橋街
榮縣閱報社	四川省榮縣城內西街洪春店丁厚扶
大竹書報社	四川省大竹縣城南門內
康子猷君	四川省會理州城內
陶懋辛君	四川省夔州府公立中學堂
光裕公號	四川省資州城新正街
吳恩洪君	四川省忠州東門外泰興正號
敘府劉春和	四川省敘府大南門外
永順堂號	四川省綏定府河街
美興公號	四川省打箭爐
何成瑜君	四川省甯遠府昌西官小學堂
周代本君	四川省廣安州學務局
黃石書君	四川省永川中學堂
洪芝生君	四川省合江縣城外上街洪森盛

四川雜誌廣告

登岷峩之巔以矚中國西南半璧六詔危兩藏急蜀之形勢險殆極矣而地屬邊陲民智錮蔽釜魚幕燕其樂方酣本社同志怒焉傷之爰組織斯報以餉邦人其主義在輸入世界文明研究地方自治經營藏衛領土開拓路礦利源就此等問題切實發揮和平鼓吹使我蜀國同胞起作神州砥柱噫秋色蒼茫海天萬里云誰之思西方美人我七十萬伯叔兄弟諸姑姊妹其亦將聞風而起乎全年十二册零售每册貳角訂半年者一元一角全年二元郵費另加

日本東京麴町土手三番町七番地

四川雜誌社啓

江西雜誌廣告

莊周有言。泉涸則魚相呴以沫。而相忘於江湖。故鳥之將死其鳴哀心所謂危必以告本社同人。慨故鄉之不競傷來日之大難願同長吉之嘔心肝不避孫卿之譏口耳剌取所學。組一雜誌。顏曰江西。專以導引文明濬發民智鼓吹地方自治圖謀社會公益嗟夫、歐風東捲。國步艱危。江西處揚子江流域潮流震盪日益劇烈而日本朝報聲言欲括諸州權利南潯軌線延緩徒勞數載工程渺渺章門沉沉黑獄廬山黯其無色贛水咽而失聲於人曰浩然安得文山之氣問天其何意太息若士之詞言之不文惟以告哀邦人諸友其或有取於斯

江西雜誌社啓

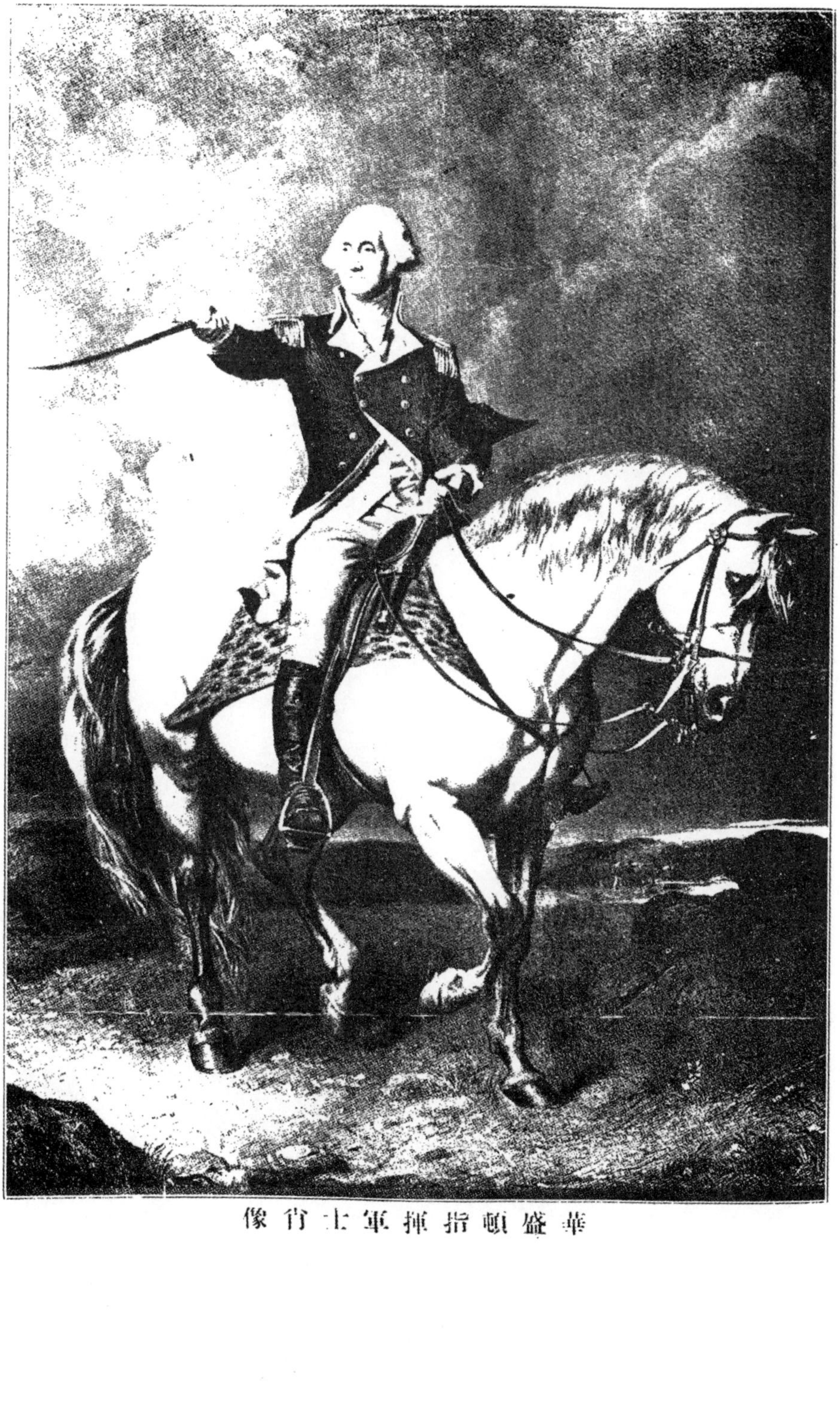

華盛頓指揮軍士肖像

空際之交通

千八百八十三年。法之孟古佛兄弟。始造一球。借火力上升、中國紙糊洋燈之製。或同孟氏之遺法、同年又有法人羅柏德等。亦造一球。質以輕氣、是爲氣球之始。至千八百二十三年、英人葛林始用煤氣。以代輕氣。并發明球下之護繩、其後十年、葛氏偕友二人。乘一大球中置煤氣八萬五千立方。上升後。于十八小時。行五百英里。此第一次氣球上升之可紀念者。用之于天文學之觀察。始于千八百四年俄京之科學會。以爲軍中之用者尤早、即千七百九十四年。法與戰丁伏魯西。法以氣球窺敵軍而勝。此後各國爭慕效之。今軍用之球。甚爲改良。如右方第一圖之船球。乃法軍近年。所用、其進退已能自如。復有使用摩託電機者。愈覺靈便、不出一二十年世界必大爲此器所改變。

論著

文化偏至論

迅行

中國既以自尊大昭聞天下善詆諆者或謂之頑固且抱守殘闕以底於滅亡近世人士稍稍耳新學之語則亦引以爲媿翻然思變言非同西方之理弗道事非合西方之術弗行掊擊舊物惟恐不力曰將以革前繆而圖富強也間嘗論之昔者帝軒轅氏之戡蚩尤而定居於華土也典章文物於以權輿有苗裔之繁衍於兹則更改張皇益臻美大其蠢蠢於四方者胥蕞爾小蠻夷耳厥種之所創成無一足爲中國法是故化成發達咸出於己而無取乎人降及周秦西方有希臘羅馬起藝文思理燦然可觀顧以道路之艱波濤之惡交通梗塞未能擇其善者以爲師資洎元明時雖有一二景教父師以教理暨歷算質學干中國而其道非盛故迄於海禁既開晳人踵至之頃中國之在天下見夫四夷之則傚上國革面來賓者有之或野心怒發

狓焉思逞者有之若其文化昭明誠足以相上下者蓋未之有也屹然出中央而無校讎則其益自尊大寶自有而傲睨萬物固人情所宜然而非甚背於理極者矣雖然惟無校故則晏安長久苓落以胎迫拶不來上征亦輟使人茶使人屯其極爲見善而不思式有新國林起於西以其殊異之方術來向一施吹拂塊然踣傹人心始自危而輇才之徒於是競言武事後有學於殊域者近不知中國之情遠復不察歐美之實以所拾塵芥羅列人前謂鉤爪鋸牙爲國家首事又引文明之語用以自文徵印度波蘭作之前鑒夫以力角盈絀者於文野亦何關遠之則羅馬之於東西戈爾邇之則中國之於蒙古女眞此程度之離距爲何如決之不待智者然其勝負之數果奈何矣苟曰是惟往古爲然今則機械其先非以力取故勝負所判即文野之由分也則曷弗啓人智而開發其性靈使知罟獲戈矛不過以禦豺虎而喋喋譽白人肉攫之心以爲極世界之文明者又何耶且使如其言矣而舉國猶孱授之巨兵奚能勝任仍有僵死而已矣嗟夫夫子蓋以習兵事爲生故不根本之圖而僅提所學以干天下雖兜牟深隱其面威武若不可淩而干祿之色固灼然現於外矣計其

次者乃復有製造商估立憲國會之說前二素見重於中國青年間縱不主張治之者亦將不可縷數蓋國若一日存固足以假力圖富強之名博志士之譽即有不幸宗社爲墟而廣有金資大能溫飽即使怙恃既失或被虐殺如猶太遺黎然善自退藏或不至於身受縱大禍垂及矣而倖免者非無人其人又適爲已則能得溫飽又如故也若夫後二可無論已中較善者或誠痛乎外侮迭來不可終日自既荒陋則不得已姑拾他人之緒餘思鳩大群以抗禦而又飛揚其性善能攘擾見異已者興必藉衆以淩寡託言衆治壓制乃尤烈於暴君此非獨於理至悖也即緣救國是圖不惜以箇人爲供獻而考索未用思慮粗疏茫未識其所以然輒皈依於衆志蓋無殊痼疾之人去藥石攝衛之道弗講而乞靈於不知之力拜禱稽首於祝由之門者哉至尤下而居多數者乃無過假是空名遂其私欲不顧見諸實事將事權言議悉歸奔走干進之徒或至愚屯之富人否亦善壟斷之市會特以自長營搢當列其班況復掩自利之惡名以福群之令譽捷徑在目斯不憚竭蹶以求之耳嗚呼古之臨民者一獨夫也由今之道且頓變而爲千萬無賴之尤民不堪命矣於興國究何與

焉顧若而人者當其號召張皇蓋蔑弗託近世文明爲後盾有佛戾其說者起輒謚之曰野人辱國害羣罪或甚於流放第不知彼所謂文明者將已立準則愼施去取指善美而可行諸中國之文明乎抑成事舊章咸棄捐不顧獨指西方文化而爲言乎物質也衆數也十九世紀末葉文明之一面或在茲而論者不以爲有當蓋今所成就無一不繩前時之遺迹則文明必日有其遷流又或抗往代之大潮則文明亦不能無偏至誠若爲今立計所當稽求旣往相度方來掊物質而張靈明任箇人而排衆數人旣發揚踔厲矣則邦國亦以興起奚事抱枝拾葉徒金鐵國會立憲之云乎夫勢利之念昌狂於中則是非之辨爲之昧措置張主輒失其宜況乎志行汙下將藉新文明之名以大遂其私欲者乎是故今所謂識時之彥爲按其實則少數常爲盲子寶赤菽以爲玄珠多數乃爲巨奸垂微餌以冀鯨鯢即不若是中心皆中正無瑕玷矣於是拮据辛苦展其雄才漸乃志遂事成終致彼所謂新文明者舉而納之中國而此遷流偏至之物已陳舊於殊方者馨香頂禮吾又何爲若是其芒芒哉是何也曰物質也衆數也其道偏至根史實而見於西方者不得已橫取而施之中

國則非也藉曰非乎請循其本

夫世紀之元肇於耶蘇出世歷年既百是爲一期大故若興斯即此世紀所有事益從歷來之舊貫而假是爲區分無奧義也誠以人事連緜深有本柢如流水必自原泉卉木之茁於根荄倏忽隱見理之必無故苟爲尋繹其條貫本末大都蟬聯而不可離若所謂某世紀文明之特色何在者特舉犖犖大者而爲言耳按之史實乃如羅馬統一歐州以來始生大州通有之歷史已而教皇以其權力制御全歐使列國靡然受圈如同社會疆域之判等於一區益以梏亡人心思想之自由幾絕聰明英特之士雖摘發新理懷抱新見而束於教令胥緘口結舌而不敢言雖然民如大波受沮益浩則於是始思脫宗教之繫縛英德二國不平者多法皇宮庭實爲怨府又以居於意也乃并意太利人而疾之林林之民咸致同情於不平者凡有能阻泥教旨抗拒法皇無間是非輒與贊和時則有路得者起於德謂宗教根元在乎信仰制度戒法悉其榮華力擊舊教而仆之自所創建在廢棄階級黜法皇僧正諸號而代以牧師職宣神命置身社會弗殊常人儀式禱祈亦簡其法至精神所注則在牧師

地位無所勝於平人也轉輪既始烈栗遍於歐州受其改革者蓋非獨宗教而已且波及於此他人事如邦國離合爭戰原因後茲大變多基於是加以束縛弛落思索自由社會蔑不有新色則有爾後超形氣學上之發見與形氣學上之發明以是胚胎又作新事發隱地也善機械也展學藝而拓貿遷也非去羈勒而縱人心不有此也顧世事之常有動無定宗教之改革已自必益進而求政治之更張溯厥由來則以往者顛覆法皇一假君主之權力變革既畢其力乃張以一意孤臨萬民在下者不能加之抑制日夕孳孳惟開拓封域是務驅民納諸水火絕無所動於心生計絀人力耗矣而物反於窮民意遂動革命於是見於英繼起於美復次則大起於法朗西掃蕩門第平一尊卑政治之權主以百姓平等自由之念社會民主之思瀰漫於人心流風至今則凡社會政治經濟上一切權利義必悉公諸衆人而風俗習慣道德宗教趣味好尚言語暨其他爲作俱欲去上下賢不肖之閑以大歸乎無差別同是者是獨是者非以多數臨天下而暴獨特者實十九世紀大潮之一派且曼衍入今而未有既者也更舉其他則物質文明之進步是已當舊教盛時威力絕世學者

有見大率默然其有毅然表白於衆者每每獲囚戮之禍遞敎力墮地思想自由凡百學術之事勃焉興起學理爲用實益遂生故至十九世紀而物質文明之盛直傲睨前此二千餘年之業績數其著者乃有棉鐵石炭之屬產生倍舊應用多方施之戰鬥製造交通無不功越於往日爲汽爲電咸聽指揮世界之情狀頓更人民之事業益利久食其賜信乃彌堅漸而奉如圭臬視若一切存在之本根且將以之範圍精神界所有事現實生活膠不可移惟此是尊惟此是向此又十九世紀大潮之一派且曼衍入今而未有既者也雖然敎權龐大則覆之假手於帝王比大權盡集一人則又顚之以衆庶理若極於衆庶矣而衆庶果足以極是非之端也耶晏安逾法則矯之以敎宗遞敎宗淫用其權威則又捂之以質力事若盡於物質矣而物質果足盡人生之本也耶平意思之必不然矣然而大勢如是者蓋如前言文明無不根舊迹而演來亦以矯往事而生偏至緣督校量爲頗灼然猶孑與躄焉耳特其見於歐洲也爲不可已且亦不可去去孑與躄斯失孑與躄之德而留者爲空無不安受寶重之者奈何顧橫被之不相係之中國而是膜拜又寧見其有當也明者微睇察

逾衆凡大士哲人乃蚤識其弊而生憤歎此十九世紀末葉思潮之所以變矣德人尼佉氏則假察羅圖斯德羅之言曰吾行太遠孑然失其侶返而觀夫今之世文明之邦國矣斑斕之社會矣特其爲社會也無確固之崇信衆庶之於知識也無作始之性質邦國如是奚能淹留吾見放於父母之邦矣聊可望者獨苗裔耳此其深思遐矚見近世文明之僞與偏又無望於今之人不得已而念來葉者也

然則十九世紀末思想之爲變也其原安在其實若何其力之及於將來也又奚若曰言其本質即以矯十九世紀文明而起者耳蓋五十年來人智彌進漸乃反觀前此得其通弊察其黮闇於是浡焉興作會爲大潮以反動破壞充其精神以獲新生爲其希望專向舊有之文明而加之掊擊埽蕩焉全歐人士爲之栗然震驚者有之芒然自失者有之其力之烈蓋深入夫人之靈府矣然其根柢乃遠在十九世紀初葉神思一派遞夫後葉受感化於其時現實之精神已而更立新形起以抗前時之現實即所謂神思宗之至新者也若夫影響則眇眇來世肊測殊難特知此派之興決非突見而靡人心亦不至突滅而歸烏有據地極固函義甚深以是爲二十世紀

文化始基雖云早計然其爲將來新思想之朕兆亦新生活之先驅則按諸史實所昭垂可不竢繁言而解已顧新者雖作舊亦未僵方遍滿歐州冥通其地人民之呼吸餘力流衍乃擾遠東使中國之人由舊夢而入於新夢衝決囂叫狀猶狂醒夫方賤古尊新而所得旣非新又至偏而至僞且復橫決浩乎難收則一國之悲哀亦大矣今爲此篇非云已盡西方最近思想之全亦不爲中國將來立則惟疾其已甚施之抨彈猶神思新宗之意焉耳故所述止於二事曰非物質曰重箇人

箇人一語入中國未三四年號稱識時之士多引以爲大詬苟被其諡與民賊同意者未遑深知明察而迷誤爲害人利己之義也歟夷攷其實至不然矣而十九世紀末之重箇人則弔詭殊恆尤不能與往者比論試案爾時人性莫不絕異其前入於自識趣於我執剛愎主己於庸俗無所顧忌如詩歌說部之所記述每以驕蹇不遜者爲全局之主人此非操觚之士獨凴神思構架而然也社會思潮先發其朕則迻之載籍而已矣蓋自法朗西大革命以來平等自由爲凡事首繼而普通教育及國民教育無不基是以遍施久浴文化則漸悟人類之尊嚴旣知自我則頓識箇性

之價值加以往之習慣墜地崇信蕩搖則其自覺之精神自一轉而之極端之主我且社會民主之傾向勢亦大張凡箇人者即社會之一分子夷隆實陷是爲指歸使天下人人歸於一致社會之內蕩無高卑此其爲理想誠美矣顧於箇人殊特之性視之蔑如既不加之別分且欲致之滅絕更舉黮闇則流弊所至將使文化之純粹者精神益趨於圖陋頹波日逝纖屑靡存焉蓋所謂平社會者大都夷峻而不湮卑若信至程度大同必在前此進步水平以下況人羣之內明哲非多傖俗橫行浩不可禦風潮剝蝕全體以淪於凡庸非超越塵埃解脫人事或愚屯罔識惟衆是從者其能緘口而無言乎物反於極則先覺善鬥之士出矣德人斯契納爾乃先以極端之箇人主義現於世謂眞之進步在夫已之足下人必發揮自性而脫觀念世界之執持惟此自性即造物主惟有此我本屬自由既本有矣而更外求也是曰矛盾自由之得以力而力即在乎箇人亦即資財亦即權利故苟有外力來被則無間出於寡人或出於衆庶皆專制也國家謂吾當與國民合其意志亦一專制也衆意表現爲法律吾即受其束縛雖曰爲我之輿臺顧同是輿臺耳去之奈何曰在絕義務義

務廢絕而法律與偕亡矣意蓋謂凡一箇人其思想行爲必以己爲之中樞暨其終極即立我性爲絕對之自由者也至勗賓霍爾則自既以兀傲剛愎有名言行奇觚爲世尟有又見夫盲瞽鄙倍之衆充塞兩間乃視之與至劣之動物並等益主我揚己而尊天才也至丹麥哲人契開迦德則憤發疾呼謂惟發揮箇性爲至高之道德而顧瞻他事胥無益焉其後有顯理伊勃生見於文界瑰才卓識以契開迦德之詮解者稱其所著書往往反社會民主之傾向精力旁注則無間習慣信仰道德苟有拘於虛而偏至者無不加之觝排更覩近世人生每托平等之名實乃愈趨於惡濁庸凡涼薄日益以深頑愚之道行僞詐之勢逞而氣宇品性卓爾不羣之士乃反窮於艸莽辱於泥塗箇性之尊嚴人類之價值將咸歸於無有則常爲慷慨激昂而不能自己也如其民敵一書謂有人寶守眞理不阿世媚俗而不見容於人羣狡獪之徒乃巍然獨爲衆愚領袖藉多凌寡植黨自私於是戰鬥以興而其書亦止社會之象宛然具於是焉若夫尼佉斯箇人主義之至雄傑者矣希望所寄惟在大士天才而以愚民爲本位則惡之不殊蛇蝎意蓋謂治任多數則社會元氣一旦可隳不若

用庸眾爲犧牲以冀一二天才之出世遞天才出而社會之活動亦以萠即所謂超人之說嘗震驚歐州之思想者也由是觀之彼之謳歌眾數奉若神明者蓋僅見光明一端他未偏知因加讚頌使反而觀諸黑闇當立悟其不然矣一梭格拉第也而眾希臘人酖之一耶蘇基督也而眾猶太人磔之後世論者孰不云繆顧其時則從眾志耳設留今之眾志迻諸載籍以竢評隲於來哲則其是非倒置或正如今人之視往古未可知也故多數相朋而仁義之途是非之端樊然殽亂惟常言之是解於奧義也漠然常言奧義孰近正矣是故布魯多既殺該撒昭告市人其詞秩然有條名分大義炳如觀火而眾之受感乃不如安多尼指血衣之數言於是方羣推爲愛國之偉人忽見逐於域外夫譽之者眾數也逐之者又眾數也一瞬息中變易反復其無特操不竢言即觀現象已足知不祥之消息矣故是非不可公於眾公之則果不誠政事不可公於眾公之則治不郅惟超人出世乃太平苟不能然則在英哲嗟夫彼持無政府主義者其顚覆滿盈剗除階級亦已至矣而建說創業諸雄大都以導師自命夫一導眾從智愚之別即在斯與抑英哲以就凡庸曷若置眾人而希英

哲則多數之說繆不中經個性之尊所當張大蓋揆之是非利害已不待繁言深慮而可知矣雖然此亦賴夫勇猛無畏之人獨立自彊去離塵垢排輿言而弗淪於俗囿者也

若夫非物質主義者猶箇人主義然亦興起於抗俗蓋唯物之傾向固以現實爲權輿浸潤人心久而不止故在十九世紀爰爲大潮據地極堅且被來葉一若生活本根舍此將莫有在者不知縱令物質文明即現實生活之大本而崇奉逾度傾向偏趨外此諸端悉棄置而不顧則按其究竟必將緣偏頗之惡因失文明之神旨先以消耗終以滅亡歷世精神不百年而具盡矣遞夫十九世紀後葉而其弊果益昭諸凡事物無不質化靈明日以虧蝕旨趣流於平庸人惟客觀之物質世界是趨而主觀之內面精神乃舍置不之一省重其外放其內取其質遺其神林林衆生物欲來蔽社會憔悴進步以停於是一切詐僞罪惡蔑弗乘間以萌生使性靈之光愈益就於黯淡十九世紀文明一面之通弊蓋如此矣時乃有新神思宗徒出或崇奉主觀或張皇意力匡糾流俗厲如電霆使天下羣倫爲聞聲而搖蕩即其他評隲之士以

至學者文家雖意主和平不與世迕而見此唯物極端且殺精神生活則亦悲觀憤歎知主觀與意力主義之興功有偉於洪水之有方舟者焉主觀主義者其趣凡二一謂惟以主觀爲準則用律諸物一謂視主觀之心靈界當較客觀之物質界爲尤尊前者爲主觀觀傾向之極端力特著於十九世紀末葉然其趨勢頗與主我及我執殊途僅於客觀之習貫無所盲從或弗置重而以自有之主觀世界爲至高之標準而已以是之故則思慮動作咸離外物獨往來於自心之天地確信仕是滿足亦在是謂之漸自省其內曜之成果可也若夫興起之由則原於外者爲大勢所向胥在平庸之客觀習慣動不由己發如機緘識者不能堪斯生反動其原於內者乃實以近世人心日進於自覺知物質萬能之說且逸箇人之情意使獨創之力歸於槁枯故不得不以自悟者悟人冀挽狂瀾於方倒耳如尼佉伊勃生諸人皆據其所信力抗時俗示主觀傾向之極致而契開迦德氏則謂眞理準則獨在主觀惟主觀性卽爲眞理至凡有道德行爲亦可弗問客觀之結果若何而一任主觀之善惡爲判斷焉其說出世和者日多於是思潮爲之更張騖外者漸轉而趣內淵思冥想之風

作自省抒情之意蘇去現實物質與自然之樊以就其本有心靈之域知精神現象實人類生活之極顚非發揮其輝光於人生爲無當而張大箇人之人格又人生之第一義也然爾時所要求之人格有至異乎前者往所理想在知見情操兩皆調整若主智一派則在聰明睿智能移客觀之大世界於主觀之中者如是思惟迨黑格爾出而達其極若羅曼暨尚古一派則息孚支培黎承盧騷之後尚容情感之要求特必與情操相統一調和始合其理想之人格而希籟氏者乃謂必知感兩性圓滿無間然後謂之全人顧至十九世紀垂終則理想爲之一變明哲之士反省於內面者深因以知古人所設具足調協之人決不能得之今世惟有意力軼衆所當希求能於情意一端處現實之世而有勇猛奮鬥之才雖屢踣屢僵終得現其理想其爲人格如是焉耳故如勗賓霍爾所張主則以內省諸己豁然貫通因曰意力爲世界之本體也尼佉之所希冀則意力絕世幾近神明之超人也伊勃生之所抽寫則以更革爲生命多力善鬥即迕萬衆不慴之強者也夫諸凡理想大致如斯者誠以人丁轉輪之時處現實之世使不若是每至舍己從人沈溺逝波莫知所屆文明眞髓

頃刻蕩然惟有剛毅不撓雖遇外物而弗爲移始足作社會楨幹排斥萬難黽勉上征人類尊嚴於此攸賴則具有絕大意力之士貴耳雖然此又特其一端而已試察其他乃亦以見末葉人民之弱點蓋往之文明流弊浸灌性靈衆庶率纖弱頹靡日益以甚漸乃反觀諸己爲之欿然於是刻意求意力之人冀倚爲將來之柱石此正猶洪水橫流自將滅頂乃神馳彼岸出全力以呼善沒者爾悲夫

由是觀之歐州十九世紀之文明其度越前古凌駕亞東誠不竢明察而見矣然既以改革而胎反抗爲本則偏於一極固理勢所必然洎夫末流弊乃自顯於是新宗蹶起特反其初復以熱烈之情勇猛之行起大波而加之滌蕩直及今日益復浩然其將來之結果若何蓋未可以率測然作舊弊之藥石造新生之津梁流衍方長曼不遽已則相其本質察其精神有可得而徵信者意者文化常進於幽深人心不安於固定二十世紀之文明當必沈邃莊嚴至與十九世紀之文明異趣新生一作虛僞道消內部之生活其將愈深且强歟精神生活之光耀將愈興起而發揚歟成然以覺出客觀夢幻之世界而主觀與自覺之生活將由是而益張歟內部之生活强

則人生之意義亦愈邃箇人尊嚴之旨趣亦愈明二十世紀之新精神殆將立狂風怒浪之間恃意力以闢生路者也中國在今內密既發四鄰競集而迫拶情狀自不能無所變遷夫安弱守雌篤於舊習固無以爭存於天下第使所以匡救之者繆而失正則雖日易故常哭泣叫號之不已於憂患又何補矣此所爲明哲之士必懷世界之大勢權衡校量去其偏頗得其神明施之國中翕然合而無間外之旣無後於世界之思潮內之而仍弗失其固有之血脈取今復古別立新宗人生意義致之深邃則國人之自覺至箇性張沙聚之邦由是轉爲人國人國旣建乃始雄厲無前屹然獨見於天下更何有於膚淺凡庸之事物哉顧今者翻然思變歷歲已多青年之所思惟大都歸罪惡於古之文物甚或斥言文爲蠻野鄙思想爲簡陋風發浡起皇皇焉欲進歐西之物而代之而於適所言十九世紀末之思潮乃漠然不一措意凡所張主惟質爲多取其質猶可也更按其實則又質之至僞而偏無所可用雖不爲將來立計僅圖救今日之阽危而其術其心違戾亦已甚矣況乎凡造言任事者又復有假改革公名而陰以遂其私欲者哉今敢問號稱志士者曰將以富有爲文明

歟則猶太遺黎性長居積歐人之善賈者莫與比倫然其民之遭遇何如矣將以路礦爲文明歟則五十年非澳二州莫不興鐵路礦事顧此二州土著之文化何如矣將以衆治爲文明歟則西班牙波陀牙二國立憲且久顧其國之情狀又何如矣若曰惟物質爲文化之基也則列機括陳糧食遂足以雄長天下歟曰惟多數得是非之正也則以一人與衆禺處其亦將木居而芧食歟此雖婦豎必否之矣然歐美之强莫不以是炫天下者則根抵在人而此特見象之末本原深而難見榮華昭而易識也是故將生存兩間角逐列國是務其首在立人人立而後凡事舉若其道術乃必尊箇性而張精神假不如是槁喪且不俟夫一世夫中國在昔本尚物質而疾天才矣先王之澤日以殄絕逮蒙外力乃退然不可自存而輇才小慧之徒則又號召張皇重殺之以物質而囿之以多數箇人之性剝奪無餘往者爲本體自發之偏枯今則得由交通以傳來之新疫二患交伐而中國之沈淪遂以益速矣嗚呼眷顧方來亦已焉哉

土耳基立憲說

鴻飛

亞州之舊邦其能嶄嶄然露頭角於世界與各列强爭長雄者厥以日本爲着餘若印度緬甸安南朝鮮皆就滅亡無足齒及而俾路支阿富波斯等亦皆爲外人保護振興之勢亦無可言則介於似亡未亡似興未興之間者惟我國與土耳基兩國而已然觀二十世紀之風雲國家盛衰之所致原因複雜亦難斷定而憲政之設施亦繫其大凡此雖吾人之推測想亦衆人之所以爲然者歐州不必論即以亞州言之日本之興也興於憲政印度緬甸安南朝鮮之亡也亡於不知憲政之爲何物波斯雖僞言立憲而捕殺議員之事年踵相接此亦非眞實之立憲可知是吾人決國家之興亡於憲政一道實有斷斷其不可忽者則今者我輩論中土兩國之興亡大勢亦惟於此注意焉可也

中國且勿言而近者宣傳於各國報紙者莫如土耳基立憲之一事收效與否究難預言要之爲一大進行即可於此中測知者也何則土耳基之立憲既言之於二十

年前矣當日外逼於列强之干涉內迫於國民之擾亂其君若臣處玆萬難中乃思一善爲搪塞之方法爰於一千七百七十六年制定憲章詳細條文吾人未見亦勿能斷其良否（日本未有譯文）然聞之各國報章以爲其條文之內蘊可與法蘭西比利時之憲章爲比倫則其法亦非不良也蓋當時君臣之用意不過欲敷衍一時元無實行之眞意故不妨假設一至美之法以欺人於一時而專制之惡政仍無絲毫之變動此各國國法學者所以亦不承認其爲立憲也然今者似非昔比矣證以近事有足多者蓋萬國之君主立憲未有其君主不開放而能得眞實之良法者路易十六亦嘗發布憲法矣而其行爲依仍舊貫卒不免另爲改革此憲政之實施所以不僅在一紙空文也故土耳基昔日之立憲不過虛僞之名目其君主既保彼舊有之特權而不稍存退讓則憲法雖良又安從而眩之也乃觀近日其君主之行動似亦可謂眞誠之實行者例(一)如財產也萬國君主私有財產之巨首推俄羅斯每年收入約八千餘萬其次則土耳基每年收入亦二千餘萬（中國無碻實調查皇室私有財產亦不知有幾許惟仍意取之國庫則全國之財皆其所有此尤萬國未聞者）昔方日圖吸收今則概付國家銀行作爲貯蓄而帝室牧塲及馬匹等且

悉讓與陸軍省矣(二)如宮廷改革行之綦難故中國歷朝之君有能刷除天下之弊政而不肯去一嬖臣者乃觀土耳基之君罷斥近幸六十餘人而其他持寵者胥相率而逃去矣(三)如信仰回教土人最深而其君主乃對戈蘭經典宣明誓約維持憲法保衛民權矣(四)如以君主私有財產建築議院而召集議員即定之於本年十一月十一日餘如大赦黨人著名者九百餘其合計未詳姓氏者且二十餘萬全國監獄爲之一空而間諜制度亦以勅令取除（土耳原專設有偵探隊以查辦革命黨者）是君主之設施碻明退讓之形式則將來收憲政美滿之効果謂能於此期之亦無不可也然吾觀東西之歷史其專制之君主恒不肯輕以拋棄大權而惟壓制之政策是務意蓋謂民權一張則己之威權失生命危而子孫帝王且不保也乃觀土耳基之君主前日巡幸警戒百出暗殺之事猶時或見益以道途人民怒目嗤鼻國中謾罵無地不有而今者宮車一出警令不需萬歲狂呼且聯絡於左右而無絕是前此之自以爲安者乃反以此而得危而前此之自以爲危者今反以此而得安彼專制之君主亦可因此而自知矣

然吾聞憲法之實施匪着重於君主不過須君主之退讓避處於無責任之地位而已則覘其能否實行尤當於其內閣而注意之蓋新政之取擇皆於其中以定趣向故內閣人才之賢否即足以定前途之進行否則百務紛繁亦無以問其要領也夫土耳基前此之內閣『賽朵』者乃亦効梅湟特之手段者也今者亦因自知其不合提出辭表而襲其後者乃採自由主義之『恰墨爾』氏則今後之改革亦可想也兼以前此之陸軍大臣所得欺詐之金錢悉沒收而入於官幷置之於獄以論其罪是其內閣之改革亦非有足稱者耶更觀現在所發布之政綱其宣言之主要以維持君主之主權尊重人民之權利而改革財政確立軍制親友列强亦幷及之因是而論雖他日之結果能否如其所言固難周知要之若果行此則亦非不足取者也

綜觀兩者則謂土耳基今日之欲實行立憲謂爲君主致之謂爲官吏致之似乎可也而其實究有不然者誠以萬國之君主自表面論則眞實立憲後而君位之鞏固榮譽之享有似較專制爲遠勝然究其實質之所存則於君主實不過有外美之虛觀而身體實受之利益原有無窮之損害蓋其財產有限意思有限行動有限固較其

專制之時其種種行爲皆能完全行使而無忌者其相去又何可以道里計也故爲君主者因亦萬不肯拋棄此實體之利益而求虛象之名譽雖明知被萬人之唾罵亦且甘受之而不辭而爲之官吏者方承其意旨以保全利祿君主之過失即暴露於外而亦莫爲之匡救不念民力不計民隱恐恐焉惟一身之黜陟是慮至其下者且利用君主之專斷而已乃從中以博利益君或取其一已且取其二其他一切可以弄弊之事皆無不以君主之名義爲威脅以故實行立憲君主旣因有損於己而不肯行其官吏又復助其燄以阻其事此萬國憲法所以皆非在上者之提攜而必爲人民之要求然人民之要求其力苟不足以勝政府之一日亦即憲政不能實施之一日蓋政府爲保其自身之利益計故不惜出死力以抗之情勢使然無足怪者即如土耳基今日之改革固不得謂爲君主致之官吏致之而其原動力之所在實存於國民之青年團有以致之觀其數年以來革命之軍縱橫四出流血之慘無時不見以國事而逋逃於海外者且二十餘萬人則其內地黨人之多槪可想見兼以全國軍隊悉與青年團爲聯絡凡青年團所到之處軍隊皆觀望之而不前而君士

但丁堡（土耳基之京師）之勞働者且相而爲同盟罷工以爲和平之要挾婦人女子亦加入之而不可數計故君主於此乃見其禍之不可須臾遂於萬不得已中發布實行憲政之旨其先時內閣欲仍其舊而青年團且聲言若不辭職革命軍當急至京師亦不得已乃相率而引退是則土耳基今日之進行固不得謂爲君主及官吏之功而當斷爲國民之力情勢具在有灼然矣不然者制定憲章已二十有餘年矣其君若臣固不妨早爲施行而壓制之行爲且增漲之而不稍懈暨至今日迫於力之所不抵敵乃始宣言憲政之實施其居心之爲何等夫亦路人所共見矣然此亦無足異者各國憲法之歷史莫不皆然例如英吉利之憲政固無誠文規定者然經一度之革命則增一度之進行普魯西遭伯林三月之變而憲法始獲鞏固法蘭西因革命而收憲法之効果其事昭着尤不待言餘若日本之立憲其和平乃爲世界所特許然先已經倒幕之師而繼其後者復有江藤新平及西鄉隆盛西南之役由是而言則憲法之歷史皆爲國民自動的施設而與君主官吏漠無相涉故持此可以斷定世界又不徒一土耳基之獨有其例也蓋完全之憲法所以保護人民之權利也旣

屬人民之權利則蘄此者自爲人民而非其他之不相關者所肯代替然人民之精神苟不以全力注之徒弄口頭語言以爲爭辨而行爲進行或乃以遜懦痿疲出之則其權利亦終無取得之一日且反因此而獲最大之痛苦盖政府之用意既見人民有爭攘之動機其手段則愈用愈辣故必集最大之武力以與之爭生死而後方可以告成功此固自然之勢無論東西所莫能外者

壯矣哉土耳基國民也觀其要脅君主盪滌官吏并聲言統一帝國視『阿拉比亞』人皆爲同等（阿拉比亞人即埃及被土耳基滅者此事大與中國近日民黨宣言新政府成立後視滿族爲齊民同例）回教耶教不相衝突此其公正如何能力如何精神如何雖遙遙萬里吾人未窺其動作而聞風想像亦殊令吾低佪贊頌不置也故近日英美電賀德法表祝而日本逐臭之餘且有唱新派公使之論國威發颺環球注視人以爲君主之榮官吏之榮吾則以爲實國民之榮也他日者振回教之舊封擴亞州之文物而偉大國民且將雄馳於大地彼黃鬚碧眼兒其愼無自矜爲上帝之嬌子也

反觀中國有不能不令吾慨然者皇室經費需用無算巡幸之事月有所聞宦寺擅

權烈於明季空文立憲日日電馳而南北洋之偵探隊且日加而無已以例土國現今之改革固已噬乎遠矣然此亦無足怪也我國民之精神不若土耳基國民之精神故其現象有如此也曠觀神州以內其號稱爲國民謀幸福者有幾人耶雖潛身海外不乏英傑然例以土耳基之二十萬者其比律又何止霄壤也兵界之中平時以軍國民自豪一入官場則荼毒同族無所不至而婦人女子尤尟自立其間有者亦如鳳毛麟角之不可多見下至勞働人類殆又與蒙蒙蚩蚩同科證以土耳基之軍隊之女子之勞働者詎非遠遜耶雖然物極必返人定勝天今日民智之晦盲則後此自不患不開明也今日民黨之鮮少則後此自不慮不夥多也是在吾輩之振起提勵者何如與夫組織聯合者之爲何如也所可恨者其自命爲開通人口言救國救民而其行爲乃胥爲吃癰痔之舉動電報條陳日弗寧止。立憲國會。衝亂腦筋。而國民之精神。概付之於無足置議。彼盖見政府專制之未達其極。而故以此爲附益之誅其心之所衷不過爲榮利是圖其結果乃遂使我國民悉拋棄其自立之念相率而依賴政府如近日之上請願國會書者已徧布於數行省其害所極又不知伊何底止也夫亞州之大勢現繫於興亡之界者莫如土耳基之與我國今日土耳基之國運既見振興則來日之進行自有未可限量者我國國勢衰微既亟而國民更不圖極力進行如土耳基之脅迫政府乃竟効搖尾乞憐之狀態欲以求天演中之生存一二無恥者流且爲報紙以鼓吹之若惟恐其作奴隸材料之不良者此吾輩所以痛恨今之國會黨人而呵斥噍折之爲不得已也

興國精神之史耀

旒其

篇一　德乙興國之精神　自由之戰（承前）

索氏裴氏又與伯林大學致身于講譽董沐青年使之興起進隆民德宣示國光所謂泰山喬木斯民之所庇仰者也斐氏不幸疫死索氏則懇懇焉終其天年當其國危也既隱蓬蒿而說教有以砥礪邦人相機而動及外殃之既熄內之政爭教釁接踵而來以索氏之張主自由故政府惎之刻厲教宗竺於形式者攻之亦烈索氏屹然不爲搖堅持所信爲自由戰卒之發蒙振聵通國翻然是知世之耆德所以化民易俗者大矣德人孛爾 Gustav Baur 論之曰氏之特質所在者其个性則發揮無餘蘊其于外界現象人生至誼則又多通變之興味長健全之理解二者無少偏重故對於外界叢脞之攖也能確守其精神之獨往而斷斷非無所棖觸者第不慊於芒然之覺知審察事物必鉤其要个人特質利用之以爲生活之極事普徧法規復使之發現於个人之生活由是而觀氏之終身即其自敎自育賡聯一貫之一大業

也偉人性格可就此言以斑見矣

其在教育界施大力者有倬司達魯兀主義倬氏 Johann Heinrich Testalozzi 者。近世國民教育不祧之宗也抑不僅此舉教育之全系而惠之以新生命者也以博愛之念善世濟民之志發而成千載不朽之鴻業者也氏生於瑞士鍾山川之靈秀亦會時代之陰霾當斯時也世界文化之樞居佛之巴黎路易十六世之所都全歐奉以爲斗極然使相其實質則所謂文化者惟豪民社會之文化耳侵陵黎庶視爲榮華一則滿盈一則無告玄黃陰極反動斯興于是有謀改善國民之生計將以闢地殖產拯此飢寒者矣有號呼運動以期盪覆本根因以成佛朗西空前之革命者矣亦有用心獨殷不忍見羣民精神之萎死隆施教育膏沐後生如倬氏之所爲者夫教育革新之說盧梭是其先驅而昌大之者乃出隣邦瑞士其閒獨無故歟自拿坡侖蹂躪全歐瑞士被之最烈甚有一鄉壯士盡灑血于疆場所殘遺者婦與孺爾國殤之子見棄于人此其悲慘悽凉之景正賴有仁人出而拯之也倬氏崛起引爲己任善世濟民之術湊於一身當其在諾訶夫 Neuhof 時著「Lienhard und

Gertrud」名二人為齊民作欲以新齊民之心者也其在斯丹支 Stanz 時立孤兒教養所獻身於慈善事業後日之主張方法本於斯時之經驗者實多其在菩格特爾夫 Burgdorf 時著「格脫盧特教子法」Wie Getrud ihre Rider lehrt? 以表示其教方要點立直觀原則實為破曉之新案復重宗教之陶冶藝能之練修此書一出倬氏之名乃震四海此不特由其立意之新足以動世抑亦其仁愛至情固遠大而無極也

倬氏新聲徧及全歐諸國而德人承其澤者特溥蓋教育改良之蘖發於瑞士而收碩果於德乙者也德處國步艱難之日發憤自厲知非補以教育必無救於衰微故斐錫德氏有言曰宜藉國民教育之力挽既倒之狂瀾又謂種人改進肇端乎教育由是則精神之於肉體得支配力至新教育行施基點則倬氏所診發所首導所督率而實行之教方而已以倬氏之拯濟下民功儕路德而國民教育之義即所以詔示國人速自由之光復以之為先務則國家其有瘳乎時有普拉曼 Johann Grnst Tlamann 者設學伯林為昌大斯宗之導自茲以往聘倬氏高足弟子以建范型之

學校者有之裏糧挾贄走從門下以酌純粹之源者有之多所化感蔚爲鴻宗活潑之情熱誠之動彌漫於國中今更就斯宗特采綜合言之發揚蹈厲無殊乎斐氏之旨崇自發之精能勵超塵之情感進快樂生活而蘄神思生活者斯宗敎育之首義也將以之而養誨青年亦將以之而振興宗國於是以愛國精神鼓吹之於後進更以德乙爲恒久神命之體現以鞏固其愛國精神更使之了然于此精神之必待乎人格之完全使了然于此精神之必待乎个性特能之發展則其愛國觀念自巖巖而不可撼矣然則彼之所謂敎育主義者要亦尊一已之性靈舒俱生之能力爾嗚呼此人進威權之大覺也

其在藝術界有希籟 Johann Christoph Triedrich Schiller 有臺陀勾奈 Theodor Körner 有克來斯脫 Heinrich von Kleist 希籟乃德之詩宗亦康德之私淑者也故其思想尊伏耀之能仞良心之響信无上命令而爲自律上征之道德主義所謂人間生活無非道據于玆洞神思之奧區中經儀之弘旨是其人生觀也人生矜肅藝術悅豫一言詮其感想精約昭明夫以道德之奮鬥仇運命以道德之奮鬥懲

罪惡此非神聖之至而純美之顯乎人生自繇人生光榮何莫非此奮鬥之凱歌勝幟乎人之所以爲人者內之則服從理性良心之指導外之則反抗元凶巨惡之橫來自覺精神存斯二者此誠爲當年德乙國民之一大教訓也不見之文章乎於「彤迦羅斯」Don Carlos 也則擯質體放恣之惡德而傳靈思自繇之天籟更於「雅爾列安之幼女」Jungfrau von Orlean「維廉德耳」Wilhelm Tell 二作則愛國至情芬芳悱惻前者主爲佛國女杰祥達克以纖纖之素手掃耽耽之大軍縱見嫉于國人卒犧牲于胤族曰我其痛須臾而樂悠久也後者爲瑞士三州獨立譚勇士撻外强之橫暴復宗國之自繇借彼土光榮之鏡爲邦人興起之資剡目移情效至閎遠臺陀勾奈者乃愛國詩人之型範受感引於希籟其所張主美國語以其詩護自繇以其劍爲祖國之帖危非特期乎一死且以令譽之國殤信爲人生之至幸故當拿坡侖既挫於俄普軍振起氏亦慨然投筆棄榮識別所愛策馬以赴義勇軍陣中所感詩思濤興悲壯淋漓凝爲洪響初作「檄文」Aufruf 一首始之以瞻彼北天自繇振耀次明義戰譬之十字之軍末則寄崇古英雄之思詞旨尤激越又賦

「誃世辭」Abschied vom Leben 成於身被重創倒臥林薄間雖短篇而其操持神思可以見堅定玄崇爲奚若其感人至摯稱者有「丈夫與無賴」Männer und Buben 一什所以警世取墜落無賴之溫飽生活與雄傑莊嚴之戰場生活兩兩對比痛切莫倫至其「劍歌」Schwertlied 則氏之絕筆也創痍甫復再出戰場胸中流丸遂名譽死嗚呼氏願固遂氏死亦生劍歌者成於三時間前偕劍答問叙相愛相依之趣劍譬新婦拔劍而戰譬昏禮建體既新組辭又美壯年浩氣躍躍行間礮火有時而息氏之詩歌則永昭昭無或晦也克來斯脫者亦康德宗之詩人悲憤慷慨涕淚偏多劇詩之才幾淩瞿德其劇曲「海耳曼之戰」Die Hermannsschracht 釋康德无上命令之義直截痛快而出之所以酬暴厲之主者要求三事復讎而已痛惡而已反逆而已曰有汙我曰耳曼民族者惟薙之以憎劍惟憎爲我力惟復讎爲我惟一之道德動吭一呼懦者皆起海耳曼何人斯彼非過去人物即千八百九年德乙國民之好箇典型也哲人偉力有若此者此又人道威權之大覺也

然則自由之戰豈偶然哉究其本柢則如是其莊嚴也其宗教其道德其教會其劇

場其藝文其教育一切虛靈之物炎炎杲杲寫大宇之輝光曉生民之耳目羣倫靈化舉國神游上征之道義如斯能動之信念如斯夫然後興玆大業誠亦其國民情性必然之結精體也抑豈僅此後日德乙勃興之故即灌瀹焉嗟我邦人東方旦矣魂其歸來

篇二　伊大里興國之精神　光復之業

人有聞伊大里之名者孰不聯念夫藝文之爀妙堂宇之瑰奇羅馬也斐蘭什也逸品珍藏薈焉无算王宮教院驚絕凡觀夫離離煥玄穹者星也峩峩貫白雲者阿爾布之峰也汗汗泗泗走平原者玻水也是皆自繇標幟獨立彣彰伊大里之國民朝親山水夕覽明星戮力同心遂其光復二千年之歷史不失光榮是亦歐州冠冕也然當其諸州破碎戎馬從橫暮楚朝秦如遊女之易主神奇圖畫明媚山川無亦映蕭條之狀寫悽慘之情爾吾今爲述其十九稘前之略史維也納會議時之國勢與夫才人志士之號呼奔走一挫再挫卒以告成之蹟然後相其眞宰測其靈淵以示興國精神其一端爲何若

讀十九稘前歷史所首感者必伊人之多才也文藝復興是其先導但丁 Dante Alighieri (1265－1321) 首出神劇 La Divina Comedia 昭垂發伊文華不刊文史彼脫勒迦 Tetrarca, Trancesco (1304－1374) 卜加佉阿 Boccaccio, Giovann (1313－1375) 二士繼起標心紹古希臘以輝三家所作固伊文之三絕亦天下之蠙珠也亦有達梭 Torqnato Tosso (1544－1595) 史詩才逸耶路撒冷援復 Gersalemme Liberata 一什希世瓊音迨捨文而言藝巨子亦三一勒阿那爾陀 Leonardo da Vinci (1452－1519) 創矜嚴之風格名畫終餐有同神匠二彌該耳安什羅 Michelagnolo Buonarroti (1475－1564) 秉善繪畫塑雕建築諸術極遠啓疆窮高樹表驚采絕豔來者難踵三拉勿羅 Raffaello Sanzio da Urbino (1483－1520) 與彌氏同世齊名厥所制作萬慮一交佳麗純清召人入化要皆藝林之挺幹也藝文煥綺既如是已而哲士仁人赴湯蹈火爲民請命者前有薩復奈羅拉 Savonarola, Girolamo (1452－1498) 志行皎潔涕泗滂沱將以滌教界汙流挽滔滔之頹勢教王嫉之坐以異端之罪遂遭慘殺然其精旨實開路德革教之先聲後有孛爾諾 Bruno, Giordano (1548約－1600) 信歌白尼日系之說道宇宙乃無畺。由是排景教超神之論而代之以普神不慊于正教宗之義訓斯珂勒派之學風公其獨意無少忌憚遊英佛瑞士日耳曼所至咸自播其說後被繫於羅馬之獄者七年卒受火刑以殉此他倜儻非常之士林林焉夫非伊人之多才乎其次則共和制度是也當中世渾蒙之際自繇都府其起蔥蘢雖擾攘紛爭羌無寧日而其爲自治制者固無不然第歷時趣久其泰半咸失自繇不若斐蘭什 Firenze 之淪爲專制則爲大國之所鯨吞十八稘末巋然獨存者僅維涅什 Venezia 與隋諾跋 Genova 而已伊大里又列強之角域也日耳曼也佛朗西也西班牙也交爭得失互相疾視从而半島形勢如亂蕉無以寧壹伊大里又法王之據里也由此則外之對待既衆而宗門勢力又特雄焉綜而言之數稘間政治之趨勢使之四分五裂爲蝸角之爭共和之制衰微其果適以徠獨裁之入主此十九稘前之略史也

比入十九稘。伊之國民。切望統一。重以歐州諸國之爲自由政治而興也。伊自有以應之。雖然。伊大里統一之念。豈始胎於斯日耶。已入於但丁之夢。已涌於彼脫勒迦

之懷。己往來於摩佉阿維黎 Machiavelli, Niccolo (1469 - 1527) 之匈臆。政客已爲之運動。兵士已爲之犧牲。然卒以時機未至。或言之矣而不能行。或行之矣而不能效。要皆孤臂之舉。非羣力之爲。比入十九稘。則通國之志咸一。國民雷動。于是乎興。夫伊當佛國革命之初。與日耳曼有相似之點。政治體制支離滅裂。二者皆然。顧在日耳曼。尚若有朽索之結。在伊大里則並此而無之。蓋神聖羅馬帝國。雖擁虛名。日耳曼固隸焉。伊則並此而亦無之。維涅什隋諾跋者。獨立共和國也。彌蘭諾 Milano 倫巴爾提 Lombardia 者。奧之屬土也。畢蒙德 Tiemonte 那坡黎 Napoli 者。各戴國君。而半島中央。則法王之所君臨其領域者也。此拏坡侖以前之伊大里也。自拏坡侖征服全土。形勢一變。西北一部。如隋諾跋。如他林諾。Torino 南而至於斐蘭什羅馬。則皆並於佛。東北之彌蘭諾隋諾跋。則以伊大里王國之名。而奉拏坡侖之王號。南部有那坡黎王國。領之者始則育綏夫卜那波脫。Joseph Bonaparte 終則繆拉。Murat 以上三部。其廣袤各不相同。伊大里之國民。遭此變故。聯合之心益切。雖然。其初數年。諸所運動。於佛誠利已。於伊則幾無所得。顧佛之革命。有垂教焉。曰人人平等。曰特權全撥。曰各得就公職。于是伊人亦心醉民主之制。重以愛國之情。勃勃如烝氣。伊大里合一之事。固人人所勞其心志者。時乃有大事維也納會議者出。伊人正期會議之可以全其望矣。何圖會議反瓜分之以與曩日誤國諸王侯。法王亦得恢復其故土。佛耳迭難特復登那坡黎之王位。馬利亞路撒爲巴爾摩 Tarma 主。篤斯迦奈 Toscana 穆兌奈 Modena 路迦 Lucca 皆歸列列普斯人手。畢蒙德則歸薩復耶家。然使伊復昔日之共和國者。專制君主之所大不願也。于是奧取維涅什彌蘭諾倫巴爾提。隋諾跋亦並有畢蒙德豐饒之土。險固之疆。盡爲奧有。奧承神聖羅馬帝國之後。代佛朗西而支配半島大局矣。奧之威權。無所不至。梅特涅之政略。無所不行。帝演說於哈佛采大學。告講師有言曰。朕不求鴻儒碩學。所望於卿等者。惟養成忠于朕家之臣民。此其政略爲何若。伊之民能安之耶。動搖之勢。有不能已者。此維也納會議時之國勢也。

十九稘新潮之運。障於維也納會議。奧之領土。又以峻厲爲施政方鍼。武裝以臨士民。刋落報社。大興疑獄。逮俾爾林珂 Silvio Tellico 格阿伊亞 Gioia 羅馬堯西

Romagnosi 摩倫佉里 Maroncelli 諸志士。務抑人民。挫其獨立自由之氣。且不獨奧領爾也。教王領之形勢亦危。而那坡黎之治制。亦惡地中伏火。將迸發於一時。蓋不平之聲。既洋溢於全國。而政治運動。不能昭昭行之。于是秘密結盟。有如蝟立。其巨擘者稱燒炭會。Carbonari 肇萌于那坡黎之山間僻邑。漸而擴諸迦羅孛利亞炭竈。遂以那坡黎為本據。支部徧全國。千八百二十年。聞西班牙革命之興也。那坡黎亦舉新幟。穆力里 Morelli 希爾佛帖 Silvati 為其首。迫王許民主之憲。王不得已从之。府民大悅。詩人迦孛力來洛舍帖 Gabriele Rossetti 慶之曰自繇之曉。未幾。以王之貳心。奧之干涉。事敗。志士走國外。而首領卒被誅。時半島之北。薩爾迭尼亞王國。亦有革新之舉。珊達羅薩 Santorre di Santarosa 是其魁。亦以奧軍之入。戰不利。遁隋諸跋格來里 Capitano Garelli 拉納里 Laneli 二人死焉。出奔諸士。后或援希臘之獨立。或與西班牙之革命。珊氏則戰物于千八百二十五年斯發克忒利亞島。于是南之那坡黎。北之畢崇德二革命軍皆挫。嗣此以往。奧之詷察益嚴。逮捕名士。悉處以刑。此他君主。亦效其凶。百計以斬自繇萌蘖。束縛出版。有涉及愛國之言文者悉遮禁有一時諺可以見當時實狀者諾爾摩 Narma 之歌劇場警官傳命凡自繇之詞宜盡易以勤王隋諸跋名優倫可尼 Ronconi 以違命故監禁三日既出歌「額里希耳達木勒」Elisir d' Amore 句有「鬻自由而爲兵」Vende la liberta, si fe soldato 者亦易之曰鬻勤王而爲兵客咸鼓掌喝采翌日警吏召倫氏至責其言鬻勤王之不敬氏乃答曰嚮以不易自繇爲罪今得無違矣何責之有其實狀蓋有若此者斷交通苛關稅止思潮之流衍書籍不得而南北惟篤斯迦奈較弛半島志士多歸焉反之若那坡黎則殘暴特甚千八百二十八年僻邑佉倫圖 Cilento 反遣大臣兌爾迦勒圖 Del Carreto 伐之肆其凶虐斷死者手足載之車以示婦孺而致王領之惡德又不遜那坡黎革命之動半島風靡黨獄之興駢駢相望甘鼎鑊而如飴蹈白刃而無懼精神所注泰山不移從受摧殘而士气益厲經十年之屈伏得千八百三十年佛國革命之聲伊之人又起矣　（篇二未戢）

河南之實業界

酸漢

國家之强弱視乎貧富富則强之本貧則弱之媒而貧富又不獨繫乎物產之多寡而繫乎工業之巧拙工業拙雖沃壤半棄爲石田用材皆視廢物工業巧則鹽鹼沙瘠皆肥地礫石屑秕皆成材也果巧也雖本國物產無多不妨借諸他國運以靈心參以妙製即以他國之材漁他國之利一轉移間以操勝算此英之所以富强加於全球也苟非然者物產雖豐饒而工業不講終不免棄之爲他國用此吾中國之所以貧弱也粵若稽古民康物阜家給人足君相郅治於上百姓樂業於下野無蒼生失所之憂朝無度支告匱之慮逮後鄉間文老傳述故事猶心慕神往追想其富饒昇平而不置噫何其盛也蓋必有由也而今則何如矣已前之變故失敗固難以縷指溯近來旱澇饑荒水火盜賊日有所聞如漢口之水北京之火豫東燕晉因旱已盟饑兆直隸尤甚鬻子女成市焉甚有因困而全家飲毒隕命者廣東十四州縣以及廣西與安徽梧州湖北黃岡黃陂等處因洪水又將啓亂萌加之外交失策動取

民怨辰丸一案則有國耻絕念排斥日貨之舉北而間島將許利於日南而雲南將讓權於法學界全堂停課商界同盟罷市之事幾於無省無之乃人事乏補苴之術天心無悔禍之期是以嗷鴻遍野所謂家藏數萬無衣食憂者有幾人哉微獨此比者庫欵支絀屢登奏牘借貸洋債動輒萬萬孔子曰百姓不足君孰與足此自然之理勢乃世風之日侈也耗斁愈熾掊剋相仍則靡於上者無盡制用無度則靡於下者更繁即歲歲豐盈尚恐不繼又何況當此歉歲即樸素儉約尚慮難支又何況若是奢靡如人之好飾也無論鄉間婦女青樓娼妓衣非錦繡不美食非珍饈不飽每節鄉會儀從之盛裝飾之華無逾其奢更有敬神賑鬼各種喫食賽會奢侈尤甚所用器具非洋貨不以爲美至於官吏踰分更難指摘掊剋於民者不一而足催納之嚴且勿論莫甚於宵小胥吏因緣爲奸賦稅之重猶可說莫甚於豺狼吏員借端索詐嗟民生疾苦呼籲無靈古今同是國也而前後盛衰之不同若是此其故何哉吾以謂旱澇饑荒水火盜賊上下奢侈皆其小焉者也而實在於實業不講則有利送付外人遂至於一有緩急無所補救也就通商一事觀之外洋進口之貨日見其增

而出口之貨如彼其少且有每況愈下之勢無惑乎中國之財日以散中國之民日以貧也然則謂通商之不利於中國歟曰是又不然通商而出口之貨多於進口之貨則利通商而出口之貨等於進口之貨則亦利通商而進口之貨倍於出口之貨則不利況今日進口之貨非特倍之而已害且不勝倘何利之足云蓋貨之在諸國者產於地成於人除舊布新生殖不窮財之在中國者其有盡者也彼以其不窮之貨易我有盡之財我固無貨可以易其財是故洋貨日見其多中國之財即日見其少若不極力設法回挽將伊於胡底耶今我河南之出產非不盛也地皮非盡荒也特惰農苟安不思研究豐歉一委之天有資本者不思遠圖惟呆焉坐食譬有人焉握田數頃黃金數百使勤治其田可以足衣食可以獲厚利出其金爲商賈逐什一之利勤慎不怠數年之間可以致巨富今舍其田而不治坐以其金易衣食迨金盡而衣食不繼矣今吾河南之人亦何異於是然一言振興實業談何容易大海茫茫將由何處著手耶曰是在人人有愛國思想即人人不愛洋貨矣然土貨之粗澀終不及洋貨之精良且便利也曰是非設法仿造不可然無資本以製機械豈非徒望

洋興嗟乎曰是莫善於聯商會興藝學墾荒種植牧養講農蠶桑橡蔴銀行工廠礦路船電等事次第興辦試言其着手辦法及詳細節目如下。一聯商會。古有市官之設而無牙儈之名凡徵信杜僞平價息爭皆市官任之市官之上有司市司市者市官之長也有司市則市官有所統不致出於參差庶各市胥得其平今之牙儈各立行號爭攬客商而商利之盈虧不顧也往往捐一部帖分張數處品類不齊多生僞奸官雖有査察之例無非爲胥役生財地於市毫無裨益此商業之所以日下而欺詐僞騙之所以日盛也於是而各行自立門戶。則會興焉。如一般普通貿易則有財神會關帝會鐵匠爐工則有老君會土木工人則有公輸魯班會酒油醬醋則有葛仙會舟字行、則有大王會輪字行、則有馬王會膳字行、則有灶君會醫字行則有藥王會他如羅祖會也剃字盛行咽喉會也娼字聯立夫四民通行者。如靠山則山神會也土地會也臨水則龍王會也河伯會也平地則火神會也城隍會也此其最著者也。又如年節則燈花會天倉會上元會上已會端午會七夕會盂蘭會平民而外。又有江湖四流曰巾字行也〔算命、相面、折字、等類〕曰皮字行也〔醫病、賣藥、膏、等類。〕曰李字行也〔戲法四類之總稱。〕曰瓜字行也〔打拳頭、跑解馬、等類。〕有當相會〔蓋江湖諸技業此者、不曰做而曰當故曰當相者。〕至於秘密結社。則三合會也哥老會也在園仁義會也大刀小刀會也黑帮紅帮會也此下等之聯結也固多而同盟會也光復會也天義會也死絕會也光漢復漢昭命決死等會指不勝屈以及保皇會也憲政會也育年愛國保礦保路等會此上等之聯結也亦不少除上等秘密結社外以上種種立會動集巨欵無非用之修廟宇立淫祠演戲曲排華筵窮極其奢一付之鄉儺玩會香燭花火而不恤噫此何爲乎莫不曰敬神也若有人焉謂其不然則必能使神予以效驗則必能使神驅惡魔癘鬼予以罰徵〔敝處每年二月有火神會募化鉅資抃抬歌演戲曲請玩會於四方百里外以盡數日喧鬧有反對不出錢者則輒使人暗地放火謂神之罰也〕觀此吾固知神之無靈也果靈必不容此等浪費巨資以愚鄉民徒事奢靡不廣公益者之立於世也反思吾知神之果靈也觀災亂頻至饑饉薦臻財利外溢權力日失果將不能昂首露面以立於世也可畏矣哉若易以上各會變而以立商會講實業豈不綽綽然有餘裕哉伏望各會首之思所以變通也至於爲上者不能提倡反爲壓制不能保護反爲摧殘尤可歎也查各國商務大抵會社合資且上而設有商部專理其事於商務講求最精故收效亦最巨日本蕞爾小邦而亦步亦趨不數年亦臻富強中國經商之道心思未嘗不敏營運未嘗不勤而獲利終不敵西商者良以彼則官爲護持此則官多抑勒耳查西洋各國凡各商埠及貿易輻輳之處准由各商會公舉爵紳爲之領袖其權足與議院相抵抗每有屈抑許徑愬諸巴力門衙門故商人得恃無恐是以貿易日盛國勢日強民生日富且各國工力悉敵出入損益厥惟平均則不得不以中國爲取利之地牟財之場也而中國猶大夢方酣上而目商賈爲市儈薄工藝爲細民平日抑勒百端有事視爲魚肉故其勢渙散而不能自立更何能與洋商相頡頏即如稅關洋人僅完釐半而華人則勒索數成緝查則洋船不敢誰何華船則百般恫喝以致華商人人氣短而有不能自保之勢矣誠能仿外洋聯合商會之法則各業推舉紳董在上者優以體制假以事權遇有商務許其直達有司凡有益中國商業聽其設法保護而不以成法撓之在下者以素所立會浪費之欵易而爲商會之需如

河南

河南中國之中心。百賈麕集華洋輻輳此處利益不保則他沿邊各省無論矣故不可不極力振作內以裕小民衣食之源外以度洋人侵牟之害以爲中國固守財源以爲他省變俗先驅儻所謂轉移妙術非耶此外又宜設博覽會（即炫奇會）以比較精拙而資獎勸小而各地方博覽會一年兩次爲度（即以每年各地方之春會秋會易之）以貿易各地物產以獎激各工製作通省博覽會以一年一次爲度以會集交易國中物產全國博覽會以三年一次爲度擇適中之地以會集通國製作比其精粗別有等償以資獎勵萬國博覽會以十年一次爲度以照會各國物產製作以資仿效各地方會者不限一地如一縣或一府會則他縣及他府皆得隨意入會因日常所用器物。各依土產而製造不同非一府一邑所能兼具也是以如道口之錫器彰衛許之瓷器河南覃懷之鐵器南陽之玉石淸化之竹器滑濬之木器開鄭之綾絹紗綢汝光之山繭葛苧河北之紅花木棉禹州周家口之藥料疋頭各擅所長非廣其範圍以有易無不足以便民用也省會者亦不祇限於一省必照會各省薈名之奇巧工藝竹木雕刻鑲嵌漆飾並五金鑄造及一切古玩陳設暨應用傢俱等使來陳列以交換智識試將中國出口貨物最著名之工藝器俱爲外洋各國所稱讚所盛行者俱列於下〔一〕木器並籐竹編製之物園庭陳設飾觀各具類寗波府所製雕刻嵌牙鑲花各樣木器牀櫃。桌椅。靠背坐榻。梳粧鏡臺寫字桌案。圍屏。畫架書槅。接放食物桌。燈架。茶几。臥室便桌。廣東、汕頭之添器牀。桌榻。接放食物桌。臥室便桌。小桌。小椅。洗面木架。雕花圍屏。廣州府之籐竹編造之物。並硬木鑲石木器。籐編大小椅。小兒推行椅。折疊椅。擡椅。衣簍。小兒睡牀。竹牀。竹椅。大小黑白彩色椅。硬木靠背。坐榻。繡花背墊椅。繡花綢緞圍屏。鑲磁石卓。小椅臥室便棹。法藍卓面。書架。鬬牌圍碁卓。生漆烏木傢具。繡花綢紗圍火屏牀。大椅。茶几。卓櫃。長圓及多角形花石面等卓。〔二〕繡貨輭片鋪墊氈絨花毯被褥畫架鏡架等類山東、煙臺繡花枕頂。蘇、杭織造各繡貨鋪墊。椅披。天津府之駱毛地毯。栽絨毯。廣州、寗波所製各樣鋪蓆。鋪卓用極細蓆。溫州所出各種鋪牀地蓆。南京、上海、鎮江之布被。牛莊之羊毛被。駱毛被。上海之織絨被。〔三〕銅鐵鎖鑰類廣東之各樣巧開銅鎖。北京各樣鐵鎖。上海花素銅鎖。漢口銅鐵鎖。〔四〕金銀製造並黃熟銅白銅鐵錫打造之器類牛莊之金葉。

各色鐵器銅煙袋錫茶壺酒壺火鍋燭臺燈臺各樣鉛錫器天津火鐮漢口油燈鐵銅絲燭臺脚爐銅磬壁燈挂燈卓燈水湼煙袋熥壺上海之繡花用眞假金銀線鐵釘鋼針船上用鐵絲繩捲刀剃刀各工匠所用各式刀剪大小烙屜熨斗鋼鑷銅鐵頂針鐵杓漏杓鍜花香爐鍋盔鈕扣首飾烟袋銅火爐茶壺寸光陰福州之眞假金銀葉銀花鋼鐵打造各器麻籬鐵器厦門之銅箔魚鈎帳鈎紅黃丹廣東汕頭鐵器錫器廣州金銀器皿銅器〔五〕瓷器並各色玻璃料貨類漢口之花瓶繡墪磁鼓博古器成棹大小磁碟果盤果碗茶壺茶碗酒壺套壺酒盃脚盤茶盤糖盤水瓶磁缸古子瓷鍋磁罈春碟筆海花盆磁像九江之細瓷花瓶花盆磁罈把大碗秋紋藍花瓶大小水瓶帽筒坐墪及粗磁茶葉罐粉粧唾盂飯碗酒盅羹杓小水瓶上海各細瓷器天津琉璃料貨一切器具煙臺玻璃料貨手鐲戒指帽花簪飾烟袋嘴酒盃印色盒玻璃鈕品級頂珠福州料器挂燈卓燈各應用器物廣州料器菱花手鏡假珍珠假珊瑚〔六〕升斗丈尺天平戥秤一切衡量算盤及玩物戲具毛刷類北京天津之木泥燒料洋鐵綢紙所做各玩物及應用欅刷毛刷廣州象牙木刻中外各式碁子漆

飾嵌牙。中外式碁盤。福州石刻各樣碁子。及象牙牌具。〔七〕文房應用摹刻印板寫眞畫幅書籍類及各色上品南紙各色花箋各樣封套各樣紙張各色顏料各等筆墨通草紙片木銅印板活字印板刻字刷印器具式樣書畫應用各具〔八〕絲竹金革樂器類牛莊洋琴。拉琴。胡琴。天津笛。鐃。鈸。甯波皷。福州各樣金革絲竹等器。厦門簫。二絃皮皷。銅鑼。月琴。廣東八音琴。鼓鑼。〔九〕布帛衣裝如葛蔴竹棉等布絨線綢緞羊毛等織類牛莊上海厦門廣州粗細蔴繩。蔴線。蔴布。本織布。各色無花布。棉絨布。蔴花布。畫女鞋面。枕頂。各色線帶。漢口土布。夏布。葛布。並各色布疋。甯波汕頭廣州土黃布。福州棉綫絛帶。牛莊本地綢。各色絲綢。本色白色絹羅。煙臺繭綢。野蠶絲綾。欄干。花線。漢口絹綢。鎭江上海花素各色綢緞。各色絹羅。各色巾帕絛帶。花洋錦。福州絲料。辮。鎖綫。綢緞。絲線。廣州欄干。緯綫。顧繡。裁料。牛莊羊絨布。及各處之羽綾毛布。〔九〕衣履靴帽雨旱傘梳粧用具及綾絹紙花翎毛翠羽首飾髮髻簪冠類上海全分朝衣。女蟒服。霞帔。朝裙。陀羅經被。夾褲帶。腰帶。玉帶。長襪。脚帶。絨領。漢口竹衣旱傘。厦門繡貨。廣東各樣便衣公服。天津氈襪。煙臺綢緞。耳帽。帽箍。牛莊各樣猫皮套褲。猫皮帽。天津烟臺草帽。氈帽。上海緯帽。各樣夾緞帽。夾紗帽。夾西紗帽。夾線緞帽。小氈帽金邊絨邊氈帽。寗波草帽。竹帽。福州綢絹廣東用烟臺鄭州草帽辮所作之草帽。牛莊絨氈鞋。絨面氈靴。牛皮烏拉木底草鞋。烟臺各樣草鞋。男女綢緞布鞋。上海緞靴。牛織靴。皮釘靴。木鞋。各樣布鞋。鑲鞋。福州草拖履。漢口上海布傘。雨傘。廈門寗波廣州綢傘。(外國式)牛莊各樣梳芘。刷剧各具。上海鬍梳。牛角刷眉鬍梳。髮梳。牛角鞋拔。福州廈門各樣角梳。北京上海綾絹紙花。廣州翠羽。點翠。金銀銅。紙胎首飾等物。雞鴨毛羽。牛莊廣州廈門假髮辮。冠髻等物。〔十〕金玉珠石文飾佩帶之物並各扇類。南北省細琢各樣玉器。各色寶石。廣東金銀文飾各物。牛莊蒲扇。油紙扇。漢口翠扇。上海各樣絹扇。紙扇。福建木葉扇。汕頭蓬州竹製紗扇。廣東羽毛扇。鵞翎鵰扇。粗細葵扇。〔十一〕行旅遊獵之物隨帶兵械弓矢漁獵網罟類。上海漢口福廣所造樟木行箱。硬木水旱路行箱。廣東所製者。尋常出口所用。每套大小五具。計重一石。每套約計價洋二十五元。山陝河南所製之被套衣包。大小軟皮包。皮箱。廣州大小皮匣。南北省弓箭。腰刀。佩刀。小刀。寗波所製極精漁獵網罟及各省之蔴絲毛線等獵網。

〔十二〕食物藥餌類南北省收貯各食物乾菜蔬菓茶。麵點心。糖酒等類。醃臘魚。醃醬蔬菜。火腿。臘肉板鴨醃松花蛋、漢口磚茶。壓茶、汕頭、廣州紅白糖。冰糖。各樣麪粉、北京小餑餑、廣州各色糖菓。薑糖。各品黃酒。紹興酒。燒酒。各色藥酒。他如南北生熟地道藥材丸散膏丹等〔十三〕煙類即各省之鼻煙。薰烟。水旱細絲原條淨煙。關東甘肅各地道烟。〔十四〕葷素油猪羊胰染布帛顏料漆靛等類各地豆油。茶油。桐油。棉油。芝蔴油。花生油。菜油。魚油。醬油。北京、上海、廣州各色胰皂。南北省藍靛。水靛。土靛。靛青。赭石。朱砂。黃丹。河南所出之紅花。嘉興所造之綠膠。上海、汕頭、各種漆。〔十五〕古董文玩陳設如新舊法藍洋磁並各舊磁古玩古銅器等類北京、廣東、新製外國式法藍大小花瓶。大小盤帶脚果盤。燭臺。手巾箍。裁紙刀。鎮紙。烟碟。硯水壺。筆筒。衣紐。上海、北京、舊法藍花瓶等物。廣州、福州、甯波所製洋磁各器。及古銅花瓶。古銅形像。鑪瓶陳設。古銅盤碗。銅塔等物。各省舊磁花瓶。古鈞瓷。建瓷盤碗。鼻烟壺。各器皿。福州壽山石器物。天津、蘇州、虎邱所製各等服色泥人形。各省新舊名畫古今歷代制錢等類。以上諸著名物產製造廣招徠而會萃之非僅誌一時之盛典實闗億兆之經營通國博覽會。較此範圍稍廣。洋貨亦可陳列。萬國博覽會。則照會世界各國使來陳列賽會。範圍尤大。考中國舊俗人尙文風國家尊崇士類而遂以工商農業爲未務歷年非不久遠究無利民之效近世風俗丕變爲政者咸知以利於民用爲先故於日用之際。自農具女工以及百工技藝制作衣食服用之物類無不借力於機器。然其技雖精其物雖巧若無比較以勸勉之究不能實有進益故法國始創此公會。其始僅本國各省公會。漸立各國公會其會塲初不過六十畝漸增至三四百畝而入會陳設者。初不過一萬五千人漸增至五六萬人遊覽者初不過六百萬人漸增至數千萬人所建堂宇愈極美麗壯觀殿陛宏廠圓頂如蓋重閣複室層次井然且長樓飛閣文窗綱戶皆玻璃所成混淪浩渺恍疑水晶宮闕月殿廣寒不在天上也其陳物之所。分門別類重疊儼如珠綱令遊人一目了然俄頃之間遍遊天下眞奇觀也其有欲陳設各物。應將一切房舍什物。按章編號。以便司會者隨時核辦。其章程大略如下。一於本會陳設各物。一切經費均由本會經理二各物水旱脚運費及沿途破損於本會無干三陳設之物。入塲後由會中妥爲保護。以免遺失損壞及偸竊水火等情有願出貲者本會予以保儉票四散會陳設各物運回花費均由本會酌給其易壞之物由本會中商同本物主按市價代爲銷售五陳設各物應將物主姓名住址註明淸冊以昭愼重此其會規大槪也其緊要之本意在會天下之民各出珍奇之物聚於一處相爲比賽有出奇者或顯楊其名或給名譽招牌或給憑據使之欣榮振發智進藝長是以至今日而各國尤爲盛行日新月盛其民之智敏益進其國之利益非少此富强之所以巍巍逼人也吾故曰博覽會之又宜急爲創設也

〔未完〕

譯述

司泰因自治論

謝冰譯

論集權分權

大至社會國家政治宗教小至一慈善事業一教育事業苟有所施設其行動作用胥不能出乎二主義之外即集權分權是也此二主義如頭首之與肢體如中點之與外圓不論天然人爲皆有密切之關係雖然將若何而秩然有序釐然有當乎是大有研究之價値者也

吾今所論乃政治上之集權分權聞世人有爲不倫之擬喩者其言曰集權分權之關係恰如機關各部之相連接也余意機關各部均是死物無生活自動之能力惟以器械接于中心點藉中心點之力而運轉耳若夫國家其各關節能自由行動不受內部之牽制安得強同一物乎

政治集權之解釋隨其觀察之點而有廣狹之殊以今世較中古則集權之範圍大爲擴充凡社會生計均包於此中如教育救貧之事本屬教會保安交通之事本屬町村司法之事本屬地主而今均隸國家有專歸官辦者有官私合辦者

國家職掌之事與監督之事不同職掌之事不出立法行政以立法論則立法權將歸國家獨有乎柳使州郡縣分任乎將元首專握之乎抑許民表參議乎又立法之目的在謀統一國家乎抑兼顧地方利害乎以行政論中下等行政官吏惟從上官指揮如論者言藉中心力而運轉乎抑如余言有自動之能力乎行政事務亦使人民參與乎抑任官吏獨斷獨行乎凡斯種種疑問皆根據歷史而來非片言所能猝答一國生活均係乎此安可忽哉

要之集權分權。不止國憲內有之各聯邦間、各州間、各縣町村間。推之以職別官制組織之各部間（按職別官制者謂以職任定官制。如陸軍學務內政外交各有專任之大臣是也。職別官制之反對者。爲州別官制。如某州之大臣悉管轄一州以內之事是也。故職別官制之大臣各有專責。權力不及其範圍以外。而州別官制之大臣則其權力能行于一州）莫不有之且政府常講强幹弱枝之策町村多存分疆劃土之心各因其地位而觀念遂不出一途昔英國常欲劃一立法行政之集權卒不可得蓋二者目的組織既復大異歷史上沿革亦不同也以不相化合之物乃欲投一爐而冶之適見其多事而已

觀德意志之學說則自族民集權變而爲土地集權自土地集權變爲權利同等主義是已觀德意志之歷史則由分而趨于合由合而又將趨于分玆略述十七世紀以後之概略如下

十七世紀中葉爲等族執政時代貴族僧徒都市勢力極盛裁判警察之權均爲所握小者更無論地方慣行法往往足以限制政府且全國分爲數百小邦環而居者皆是也名爲國法實與地方法無異其立法之目的在謀各族之公益置國家于後圖因此中央立法部之行動常爲各小國所左右

既而等族執政時代去一君政治時代與此時代實以羅馬法之輸入爲先導自羅馬法行全國受治于一種法律之下各諸侯遂脫等族之束縛且弱小之邦數傳而

後不祀忽諸均爲生存之强者所併有而國君勢日張矣

方是時各邦君主以改革法令爲事殆與法國革命時無異故其法制多仿法國維廉大王之計劃殆不讓約瑟二世因此改革而中央政府之基礎益復不可動搖且自等族衰而代議制度亡公民參與立法及決議顧問之權遂蕩然矣

就行政言則行政官吏均有俸給州別官制變爲職別官制就司法言則廢地主裁判權此最彰彰者也然返諸德意志帝國不免徒有其名矣

然而十八世紀集權之目的則已達矣邦國間則已統一矣逞一時之威權强行其雄略其實終不可恃且炎炎者滅赫赫者亡隱禍早伏於人所不及見之處反動之起早不保夕幸而時勢造英雄有司泰因氏者起置身于立憲政治君主政治之界作過渡之橋梁一方堅固行政立法之組織一方改革町村州制使之自治氏又以爲欲去僞主權必先提倡正當之集權故舊時貴族仍爲國會議員所以集權自治能相調和而不背馳也氏誠德國第一流政治家哉

夫十九世紀之中央集權與獨立立法將以何法調和之乎此問題尚未有滿意之

答顧觀今世國家之對于町村也不以爲行政區而視爲共同體國家僅保護之奬厲鼓舞之使設議會以自理其政則其趨勢必用國民代議制無疑夫等族仆而君主興厥弊維均欲免二者之弊舍國民代議制將何從

且行正當之集權尤須用國民代議制論者聞吾言必引脫苦皮哥氏所著舊政府與革命論文（述法國集權歷史者）相詰難此不足以亂吾說也夫法國革命後情狀與德國改革後不同當法國革命時國權雖趨于中央而舊時州制憲法上有爵位者依然無恙若夫德國固嘗許州縣自治矣其新組織之機關實奄奄無復生氣中央官廳之勢力與改革前不異故此世紀內之憲法殆無足觀而謂町村自治體能發達否耶但改紘更張非一朝一夕事苟通觀世態以今視昔細究其成敗興衰之迹則知風潮之起也縱令暫時得以障之終有橫流之一日耳

夫國勢不能永久不變則政治集權將若何而適于時用政治字典中可以備此研究之資料者所在多有族民集權之根本實在「德意志聯邦」一篇近日通行原則多寓此中使人有目窺全豹之想顧今日所亟者在防十八世紀後僞集權之流弊

不在擴充中央之勢力也若在擴充中央勢力則必有鑒于分權之無益然分權云者僅社會間之理論其實被其影響者甚少況無政府之恐人多知之民主黨以實行憲制爲宗旨與帝政固不相容而集權論則無害也又有倡復地主割據者其說不昌若社會黨之宗旨則更與集權相合由此觀之注意所在蓋可知矣

立法集權所當論者立法部之組織及立法部之權限是也

將欲使國民政治法律之理想有所發表則(一)令國民參與立法或(二)就國民中選舉一人畀以立法之權使代表全國之法律思想尙矣雖然、由前說則汎濫無界說由後說則勝任愉快之人累世不得一見因此遂有濫竽之憂故調和二說折衷其長莫如用君主立憲制專制之國有所動作其目的在國家而不在人民不問其地之利害相同否人民之習慣相合否强爲之規矩而使就於一範一二官廳參事官視爲惟一之機關意志一發便成法律其人而賢如天之福不幸不賢則小民實受其惡果惟君主立憲制行而利益不相同之地習慣不相合之民遂得享同等之利益而無所偏枯何則當其立法之時國民代表者均親與其事故其法律悉自各箇

人心理稱量而出也或者猶謂如是則各箇人之迷想私心將于法律中現之豈非鰓鰓過慮乎

乃若憲制之弊則有之矣參與立法之人既多甲所以爲是乙或以爲非紛議之結果思想遂不能統一雖有時君主可總攬立法之權而使之鎭靜顧代議員言論之自由其能遏抑乎然而明乎立法權之性質者則曰是何傷

欲明立法權之性質當先定立法權之範圍範圍如何一言蔽之曰以其動作所及爲界而已今於此畫一圓圓心爲立法或行政上動作之中點此圓外復畫一圓則此中點之動作其影響及於外圓者小而及于內圓者大立法集權亦如是而已苟其事性質不屬於國家國家不干預之惟因他故而間接有受其影響者則監督其大體焉故中古時病分裂者由於自狹權力之範圍凡國家動作之本分或間接有關係之事物一切放棄不問如秦人視越人之肥瘠故也晚近以來經濟敎育日益發達夙昔僅僅士人能入學校其管理之權操諸市院都府今則階級之見破除無遺且自交通便利千里之客會于一堂智識遂不局於方隅其法律亦全國一致迴

不若疇曩之州異其制郡異其規縱令雞犬相聞而令甲決不可相通者之情狀矣惟各地民法猶未劃一坐令泱泱大國諸法縱橫交錯其中至爲憾事毋亦侯伯仆而君主興故于民事不甚措意乎吾輩希望固未有艾也

民法之不統一亦自有故蓋民事云者必有關係之人自由處置之非中央權力所能干涉也刑事立法亦然如裁判官裁判時必不可爲刑法律文所束縛而當神明其用至於行政上立法則更有要焉者以行政之方針常隨經濟教育之狀況爲左右管理之方法亦因地方情形而不同若捨此不問以想像爲標準或以一地爲程式非不適實用即不合時宜格不相入者比比也彼工業條例、移住條例土地負擔解免條例及其他種種規則其能免於玆之二弊乎代議則盡美矣未盡善也以吾觀之欲免此二弊當立法時宜先開州會縣會豫議之再開國會或設商法會議所工業會議所使通曉商工業之人備員其間討論調查其關係之事同時立法院推選委員若干人就實務家諮詢其利害其中倘有須受國家之干預者國會只規定大體由州廳縣廨郡衙參酌本地情形實行之而州廳縣廨郡衙又必與町村州縣

之代理者協議然後從事如此庶有濟乎

至於立法分權亦有二種(甲)有獨立立法權由國家承認之(乙)國家以便宜上之故而分出權力之一部是也由甲則國家不可濫用其權問及不應問之事由乙則國家有所擧措當與其事有關係之人協議之凡教會町村斯欽古(係一種貯蓄金以備恤貧救孤等用者在法律上有人格)會社均屬甲類以獨立立法爲本而仰國家之保護故國家應規定保護之條律與程度研究其事應受國權管轄與否也凡州會縣會屬乙類備政府顧問有決議投票之權或擔任立法之一部蓋州縣本國家之肢體其目的重在國家故其立法權非固有者國家即使干涉己甚不過內部組織失當不得謂越乎範圍以外也

立法集權既如向所述吾更進論行政集權其司法行政屬別問題玆不論

行政有官吏行政與自治行政自治行政者在國家權限之外如上之教會町村斯欽古等非爲國家而存在者故其吏員對于其所屬之團體而負責任自判自決執行事務國家惟監督之而已雖然、近世以來自治行政不甚發達則行政集權說陷之厲也以教會論舊教勢力尙强如新教者其管理門徒之權今爲諸侯所掌內部不復如夙昔之統一矣至如町村自治更名不副實不觀普魯士諸國近時立法制限町村乎夫自社會生活論自私法論則自治行政與保護行政二者本非一物今乃藉保護行政之名束縛町村之自由强行其不當行者以爲自治云云不出米鹽瑣細之事抑亦僨矣是豈吾輩之所禱祝者乎

或謂純粹之自治行政今固不可得然州縣部委員也收稅委員也被薦警吏也此等制度要皆爲人民參與行政而設以廣義言是亦自治也雖然、此特一時便宜之制固未嘗通行全國即其制亦不完備謂少數之委員參與行政可也謂全國民參與行政不可也無基之屋其能久乎彼持中央集權論者方且以爲不如此不足以防立憲代議制之橫矣尚何言余以爲今日所謂人民參與主義惟償還國債一事有之耳

然而從他方面觀亦有可喜可望者蓋古時豪族專橫常爲大患自此而立法行政可無慮豪族之干預矣

（完）

裴象飛詩論

令飛

往作摩羅詩力說。曾略及匈加利裴象飛事。獨恨文字差絕。欲迻異國詩曲。翻爲夏言。其業滋艱。非今玆能至。頃見其國人籟息 Reich E. 所箸匈加利文章史中。有裴象飛詩論一章。則譯諸此。冀以攷見其國之風土景物。詩人情性。與夫箸作旨趣之一斑云。

摩陀爾多文士。如吉斯福廬提 Kisfaludy C. 佛勒思摩諦 Vörösmarty M. 約息迦 Josika N. 開默尼 Kemény S. 胥藝苑之俊也。顧情辭洵耀豔矣。而相其文質。大都以馮依得美。或局囿於一國性情。超軼樊畦。至復希有。使其索求如是。僅得裴象飛一人而已。裴象飛在匈加利詩人中。獨能和會摩陀爾特鍾之詩美。與歐土鴻文。具足無間。使心解詩趣者。咸能賞析。疆域之別。言語之異。無由判分。葢諸有眞詩。亦猶眞樂。不以內外今昔。起其遷流。裴象飛之詩。其眞者也。此他詩人。亦有巧於抽寫。復善調諧音節。名極一時。或能造作體式。雖叢脞無足言。而頗嬰感興。又或賦宗教道德愛國諸事尙移人情博其忭伏者顧裴象飛技不止此其造言特美富而所以度越儕輩又不獨恃造言且不假宗教道德之力以自推舉創造詩景實其天能令假有對境在斯凡人莫能詩化裴象飛乃幻爲仙鄉詩之思想人物境地於中流衍眞詩人之能得新國者賴創造也夫自然者本如市肆中不函詩幷不見思想道途與哲學數理諸所爲作妙難於名或如估人大散其積而賚用無匱或如混沌無思慮而相其行事思慮之迹歷然於是治數理者則自是尋見法式爲之名曰自然之律顧天行之不遵此律又事之至昭著者矣特在吾人乃總束見象秩然會解倫紀始以有知因亦覺其便益可用自然惡見知於人而人欲奮迅求識願大則自有思想家起以法式被其見象而詮釋之矣

惟詩亦爾其所宅寓不在自然當俟人之診發創造不殊音樂使於事故景色人物摘發獨多復能移人俾覺詩趣者即爲詩人中大若其診發之術乃至難言又問自境地人物暨自然見象中何處得此則無間人已又弗能道也特有一至確鑿者即診發之爾裴象飛未生前數百年匈加利有駁合之民山瀆藪澤與普斯多 Tuszta

（此翻平原）之神閟動裴象飛而樹其絕歆者不異今日顧能解此神閟之言者獨一裴象飛能法自然以製詩者獨一裴象飛能迻寫匈加利天然之淵默而不息者又獨一裴象飛也設在普斯多中見有古久遽廬常人念及必爲艸具藜牀豎惡客數輩而止凡詩人所念及亦不過苓落悲哀之詩致耳而在裴象飛乃一見遽廬即起人生詩景盛大衰頹紛不一致轉此傳舍 Csárda 頓成有情其室四隅咸吐詩曲樂音古懽來思於是道周逆旅煥然爲創造物之至新畫師收之入圖樂人取以合樂皆新物矣裴象飛每遇天物人羣詩之見象必立成即用爲酬答風之過匈加利平野者翏翏然不存節奏然與詩人邂逅聲輒轉爲莊嚴如經伯赫 Bach 之笛凡所有物胥如是焉裴象飛所詠愛戀爲多而自見愛於女子特尠蓋女子之性較近自然其係屬於詩深密不如男子故使遇一少年縱詩譚饗匱滿其心曲而獨無金貲則將奈何矣第此非能核沮詩人反以振起裴象飛之愛博即其愛至約也愛之對於詩人如普斯多及迭思川水與凱勃及耶諸山爲鉅極之默示愛如大海迨其度此而詩歌新陸乃在目前所遇婦人雖流妓女伶常人貴胄以至村舍女子客傳女奴

莫不推愛特此又不緣於冲齡（裴彖飛以二十六歲卒）情切詩歌因以有此凡是諸女皆爲造景機宜景雖萬殊而無不滿以詩致正猶在山林川水中處處見自然景色耳自稱曰無邊自然之野華 A Korláttalan természet-vadvirága vagyok én. 嘗夫裴彖飛造詩之狀至合自然心舒一詩屹如紫華出地回顧與機緘並絕亦無遲疑洎夫行行而下其自信之貞固乃猶玫瑰之華發柯幹也又其覃思而不憖闓徹而清新妙極自然宛同天物更言其審則曰與匈加利之自然大相似耳若其自神思高處崇如勃凱及耶之山冷如載雪之野者而歸鄉思也乃如微禽翩然投於田隴其烈情之發也或緣愛國或緣他因莫不浩如迭思之水漲而芒洋使人震怖顧其詩雖或氣燄健行時見搖蕩而時或極靜肅如東方若據詩人之意言之則曰與匈加利之普斯多又大相似耳裴彖飛行迹徧全國其後有詩以中央與南匈荒野爲至美普斯多之在匈加利者數凡三千而兌勃烈生左近之霍耳德巴吉最有名時見之裴彖飛吟詠諸普斯多爲狀各各殊異多或滿以麥田菸圃及荏粟之林多或爲池沿平蕪下隰且時或茂密時或荒寒時或蒼凉時或豔美大似匈加

利人狂歌之性而尤近裴彖飛使旅人先歷荒野多數漸入一市當見是中人物如繪威作普斯多景色有村人豎其便給之婦又有牛羊豕馬之牧者衣飾不同人亦各具流亡者諸相牧羊人 bojtár 在艸野間視羔羖一大隊性温和善音樂且知秘密醫方蓋所牧羊或病輒自擇艸食之旋愈牧者審諦因以博識卉木熟習自然類術士焉牧牛豢 gulyás 掌大物牝牡眞彝自魯莽好門怒牛奔突欲入澤輒與之觝又門普斯多中竊牛之賊牧豕者 Kondás 最下性既陰鬱不得意又善怒易流爲盜惟牧馬者 Csikos 最善日引多馬遊食匈加利艸原跋阿令此或翻箏弗盧籟笛之屬爲匈加利樂器馬亦匈加利國獸諺有云摩陀爾天生居馬上 Lóra termett a magyar 也鄉人貴冑無不善騎其愛馬至是故詩人亦以入詩不異亞刺伯人牧馬者勇健捷敏長於歌舞能即興賦詩友善其馬所以御馬與馬盜之術皆曉徹女郎率欽仰之以其衣濃色有聲之衣又武勇士也衆中之最異者莫如可憐兒 Szegény legény 即普斯多中暴客第有弔詭之趣蓋人謂其違法逆經必緣敗北於人生之戰或見傷於愛戀故耳若夫景色之勝則爲蜃樓 déli báb 每屆長夏亭午溽

暑空中往往現城寨浮圖大澤山林之象發大光輝行人如入仙鄉而頃刻盡滅爲普斯多者蓋如此

普斯多之影響於摩陀爾詩人者不可掩蔽而在裴象飛尤然觀其傾倒於大野風光大似歸依宗教第詩人與國其關係亦猶行人之於蜃樓也必旣有人外物斯現裴象飛蓋能創造蜃樓現之天表以莊嚴其摯愛之普斯多者爾裴象飛雖以抒情詩人名世而其詩純屬客觀凡傑作多可迻以散文或迻之他國言文不損美致蓋詩趣滿中永久無間所以爲美非僅賴其聲調言辭者也日耳曼詩人赫納極盛時足相上下而不能常與駢馳裴象飛詩率甚短僅以數句述境地而詩化之言外餘韵何感於心則一任諸讀者如赫納詩言北方雪峯之項有松孤立因懷遠東熇陽之下巖上椶櫚此區區二解所言財及二樹而讀者心絃應響乃迴出言辭之外客觀之詩此之謂矣裴象飛爲詩制勝亦即在是且少時已具此德如千八百四十三年作失馬 Lopottlo 一篇述普斯多逸事會過去現在將來三者歸之於一語復簡削以寥寥數語盡數人事迹而不見其匱荒芒大野爰有什珂 Csikos（此翻牧馬者詳見上）乘

失馬疾馳主者適過見狀呼而止之命歸其馬騎者不聽奔如故而忽復止顧主者曰若毋過惜一馬若馬尙多耳吾胸僅有一心哀哉爲若女碎之矣遂沒野中不復之見詩言少年之愛女之不情富人之驕睢與夫少年報怨逸爲暴客皆包羅於數語中別有詩爲千八百四十四年作以首句爲題曰逆旅主婦愛盜 A csaplárosne a betyárt szerette 篇亦能以短句寫人世眞愛破於惡緣有盜過普斯多逆旅愛主人婦之女而婦自愛盜既不得當則逐其女寒凍死野中盜遂殺婦自歸就法繯首以死坦然無所恨自言生命已不直淡巴菰一葉矣此他一詩記一夜有羣兒聚譟村中旅次旋聞窗外剝啄有聲厲辭訶止謂懼擾貴人兒不聽而語益囂已而又聞叩關有人婉告請兒勿諠以母方病也其時衆囂立寂兒悉去矣詩景如是而遣詞簡妙見裴象飛之才然其詩又非絕無色味嘗之泊然者當彼童年已多悲感而出語乃諧妙無方此洵可驚異者已況復諧而不失於穉溫潤而權愉與英人訶德所謂哀絃無悅響者正反蓋裴象飛諸作妙怡人情而譏刺深刻又不如裴倫赫納之厲試讀名什剌摩陀爾士夫 A magyar nemes 一詩嘗見大刀潤斧直與奮鬭

更無針鋒之刺亦不作山都之野笑也

（未完）

第七期

文苑

途中略血

閉門種菜老英雄歸去田園樂在中熱血滿腔無地用春風空洒杏花紅

詠性五首示弟

生性本來無善惡孟荀二者說皆偏若能看透根源地立論還推告子圓

蕕臭薰香詎十年薺甘荼苦得先天鷄鳴同此孳孳意舜蹠千秋各有傳

習慣居然一天性近朱近墨意何如下愚上智無多輩不入芝蘭入鮑魚

清濁流來靡定然爲涇爲渭重涓涓木從繩正猶餘事大匠裁成亦有權

堯舜非性亦非僞湯武桀紂復何疑人心自有惟危在不是良知便是知

丁未夏日感懷

拳大東西兩半球滔天黃白禍交流競爭竟促生存意消滅誰甘失敗謀極樂未逢

新世界隱憂聊寫舊神州何當萬國平和日嘯傲山林亦自由

丁未夏日假歸山居

回首風塵道路難入山披髮萬緣刊水流花謝情無限燕遊梁空夢已殘數畝桑麻時雨潤半窗松竹夏雲寒歸來日涉園成趣俯仰乾坤境亦寬

丁未秋贈段君景炎歸國

小住蓬萊別有天二難交誼最稱全南山欲隱陶元亮東海誰從魯仲連夢繞關河過萬里情深風雨見三年歸來好採長生藥醫國知君自有權

補遺即事

回首神州大可傷華封到處祝陶唐銜矜朱果眞荒誕夢擬蒼龍亦渺茫歡樂竟甘同世俗士民空自賀天長一家胡越威靈遠滿地河山痛夕陽

天足會公頌駢詞　豫南天足會初立信陽某女士首先實行放足會中贈紅綾輭匾一幅書以『女界文明』四字並贅斯文於匾首焉

嗚呼、沼吳宮於西子響屧名廊墟齋社於東昏鑿金帖地蓮勾月偃魂銷金縷之鞋藕覆風流腸斷香羅之襪從古傾城傾國宮闈不少寵櫱即玆成俗成風閨閫難消鴆毒作俑其必無後地獄正爲此人非朝涉而斮脛獨夫受無此忍也競淩波以學步邯鄲妓不亦傎乎桎梏慘及於髫齡慈母則尊同獄吏珠履乞憐於暮夜淸門亦下厠勾欄更有刺錦繡於鞋尖襯香塵於底印餘刑餘之肢體擲過隙之光陰盖以雙弓之軟玉僆婷阿嬌宜藏金屋六寸之圓膚蹀躞肥婢合作屛風舉世習爲固然達人憂在斯矣所可恥者心事脚踪薄倖兒詠待月湘簾之句尤難堪者骨山血海無奈賊掀朝天臘燭之名莽莽全球塵塵萬刦謬論每易爲附和幾同狐媚工讒良法輒憚於奉行誰爲蛾眉請命玆有某君德配某女士系出名門素嫻內則知愛國要必儲材捨衛生烏能强種建姆儀之基礎振女學之先聲竟敎着手成春錐脫處囊之頴不惜現身說法瓣舒繞座之蓮嗟夫、跬步懷漆室之心晚近何來魯女舉足流巴黎之血中原亦有羅蘭願我同胞勿封故步屢羞織鳳爔綺習於天魔舃化飛鳧放光華於社會將見挽鹿車以偕隱鴻廡分春設馬幛以傳經螭坳續史從軍出塞花木蘭亦拜尙書獻策發棠黃崇蝦無慚進士脂粉隊豈無健者巾幗中盡屬完人看此時苦海沈淪懷璧痛卞和再刖待異日香花供養買絲繡大士雙趺爰贅駢詞。聊申燕賀。

抒懷十二韻

男兒不得志。豪歌震屋瓦。俯仰天地間。風雲欲叱咤。豈眞世皆醉。何乃和偏寡。蝶睡夢方酣。鶯啼聲已啞。棫棘滿當塗。何處覓梧檟。進無國士壇。退乏杜陵厦。急已同鹿梃。威更肆狐假。前途日益窄。行行令人詫。夜半不能眠。起立霜月把。男兒重義氣。問心豈有他。寧爲專諸魚。不爲趙襄馬。死生一間耳。忍受鞭笞打。

送友人歸國

浪浪熱淚灑離筵。回首神州益黯然。禹域何年重見日。杞人無賴總憂天。
處堂燕雀巢將覆。當道豺狼燄欲燃。豪傑自來爲時出。前途君且著先鞭。

其二

時局蒼黃日變更。樽前漫訴別離情。胸多磈礧心難死。身歷滄桑恨未平。
滿眼劫灰悲故國。一場春夢覺餘生。悲歌不盡河山感。羞唱陽關第四聲。

探偵小說 芝布利鬼宅談（續）

英國 軋姆著
蓼城 吳肅譯

第七回

哲慕等抵倫敦時已下晝至迫丁塘僱車携行李等件擇一相當之旅館在彼開里左近特倫過麥路孟時即心醉其繁華即令遽睹倫敦見其人烟輻港商業殷繁市街迴環馬龍車水方知首都壯麗麥路孟只村鎮耳更自思主人未免孟浪此浩如烟海之地縱有奸人寄足焉能輕易尋出及抵旅館大畧安置畢即往詢哲慕曰倫敦之大如是未知居民共有若干哲慕曰聞此大都總計人口約在五百萬以上特倫曰然則吾等欲於此巨大城市中尋一秘不可測之奸人究意於何地着手哲慕曰余早已言之但盡吾等力已足其成敗至可預料中飯畢哲慕即欲外出命特倫

相隨。哲慕此番至京。原欲至麥布利所經之飯館。親身一詢。故急欲一試。於是即同特倫照魯賓所開之地名而行。比至其處。係一舊飯館。似許久未經主顧者。塵芥滿地。一傍列不完全小食凡五六座。一傍立一帳臺。盤碟數事列其上。一堂倌方執刀而割。視哲慕等入。急置刀案上。超前陪笑曰。二位先生光臨。欲小酌否。哲慕曰否。余等近有一事向汝打聽。願汝暫假五分鐘。余等可於別室一談。非余等特來相擾。寔亦有不得已之處。望勿見拒。堂倌欣然曰。先生何謙恭如是。敝館若蒙先生常來。當感激無已。既如此。可請入斯室。見告言畢。且行且將其高捲之袖放下。急着一油膩不堪之外衣。隨引哲慕等入一小室內。葱氣撲鼻。炊烟繚繞。室中置小棹一。覆以白布。二木椅列其傍。一帽架懸壁角。別無他物。哲慕等就坐畢。堂倌曰。二位乞明告。敝館或有可如命處。若因建築公立小學之事。敝館一任公意。雖不贊成。亦不反對。可笑。昨日一令更中學學生方作三日小學教員。即來敝館賣弄其教授法。至我以乾醬炙韮即成清粉之理相問。彼瞠目不能答而去。方知從以金錢買衆譽耳。我甚不以爲然。哲慕即搖首曰。否否。余另有他奉問。寔非爲此而來。數日前有一偵探來此訪詢一殺米蘭府芝布利主人斯丹君之凶犯汝尚憶之否堂倌曰是阿我尚彷彿記得但以客多事忙已强半忘之我幾因此事煩死矣今日來一人相問明日又來一人如前所問大都汝曾見彼乎汝知彼已往何處去乎彼之形狀何似等語我巳疲於酬答偵探員任有義務我不能憎其多言但好事者引類聚謠僉謂我詳斯案之底細因之警吏偵員時相出沒反使我灶前灰冷坐上客空二位亦欲稍得新聞以供談資耶哲慕急曰汝幸勿怪余等徒好新聞前來多擾余等亦非偵員但被謀殺之芝布利主人即余父昨聞凶人曾經到此故急來一詢堂倌失驚曰阿呀原來如此我誠錯怪先生遭斯慘毒來訪理所應當如有所問就我能記及者靡不詳細言之哲慕曰多承多承余但就緊要處相問汝何以能知彼係由芝布利來余料彼亦未曾告汝堂倌答曰君言誠當彼寔未嘗相告但彼飯後令我算帳余見彼自一新皮袋內出錢付我袋上有一芝布利近傍商店之賣票二位明見如彼非自彼來焉有彼處商店之貨反爲人在倫敦購得者哉哲慕又問曰彼人與警吏所出之圖相符否堂倌曰毫無差錯面目服色亦正同言語唔唯顯結雀眼領帶其餘我當時

亦未深留意。哲慕曰。如是則必係此人。但汝對警吏云汝不知其去向。誠然乎。堂倌不答。少頃。哲慕委頓椅中。悶急不堪。以手指擊棹。忽擧目視堂倌。一如有言欲吐而仍茹者。隨恍然意解。即自囊中取一金元。置几上。曰。余視汝尚有不盡之言。欲告余而又不肯遽言者。設此案與汝有關。余亦不相強。俟異日法廷相會可耳。否則詳細令余知。余即以此金元相贈。堂倌即曰。先生何太客氣。此事誠與小人無關。小人焉敢不盡所知以告。但小人營業于此。上自高紳貴女。下及優隸盜賊。小人謹知買賣之興旺。不計人品之優劣。故皆一例歡迎。縱顧客中有所是非。小人亦不敢輕易置喙。代分皂白。否則兩家或有短長。必牽小人爲證。雖法廷自有公私。而不知者反謂小人多事。由此人將以敝館作是非塲。觀則敝館倒有日矣。哲慕曰。聞汝言。余亦確知汝之苦況。但余父爲人謀殺。汝亦應向余表同情。汝但相告。余決不向他人道及汝名。堂倌曰。先生既如斯迫切。況被殺又係尊父。小人亦非無人心者。今特謹就小人所知者言之。彼付錢後。即出門。適小人之子唐里戲于街前。彼即問曰。此去墨布大街。向何方行。小人子告之。彼即向該處去。哲慕聽畢。即將此街名記於懷中日記簿上。幷問遠近。堂倌答曰。不過十分鐘。步行即可到。由此街照直前進。至第三條街口向左轉。更進數步。向右即是墨布大街。哲慕問曰。此街何似。係商賣之街。抑住宅多在此街乎。堂倌答曰。但是街頗華麗。然非倫敦著名之街市。並聞高貴有名之人物居住其中者。寔無幾許。哲慕曰。尙有別事可相告否。堂倌曰。小人所知者已盡告先生。自彼出門後。小人寔一無所知。並不敢稍隱以欺先生。哲慕復置日記簿於懷。隨曰。多承見告。攪擾不堪。異日再當拜謝。敬贈此金元。幸勿見棄。堂倌曰。惟祝上帝佑先生。速獲此凶人。以復尊父仇。但公立小學事。—哲慕等未待其畢言。已離室至門前。隨向其點首。急出。自街中。哲慕謂特倫曰。此行尙須斟酌。如余等冒然即往墨布大街。麥布利眼銳手敏。必仍被其遁去。況余等不知路徑。更不能互相爲助。若待通知魯賓一同前往。余又恐麥布利聞風隱藏。更密。躊躇再四。終覺二人力不能勝。隨一定通知魯賓來助。歸後即作函致魯賓。略謂已聞麥布利現寓墨布大街。但尙未得其住處。速來相助云云。傍晚。門外車轔々。魯賓方至。哲慕接入。問曰。君接余函乎。魯賓曰。已收到。故即赶來。哲慕曰。別有所聞否。魯賓曰。他無所聞。僕僅知賊奴又自余等指縫中遁去矣二日前彼尙在墨布大街住十八號寓室余已往訪該處主人婦告余云此人去後之行蹤彼一槪不知並云此人不名麥布利而名麥爾不祿其動作語言係一亞美利加人哲慕曰如此君敢信其確爲余等之凶人否魯賓曰是誠無異彼往墨布大街就第十八號寓時正當君父被殺之早餐前後據主人婦言余蓋思此奴囊中應不甚充裕以彼著寓時旅具頗形笨重過後輒典當其衣服迨臨去時已囊輕如葉矣明朝余將往詢此近鄰各當鋪或可於此稍得端倪亦未可知言畢隨相約有所聞知即互相幽告乃辭去哲慕亦隨尋妹告其一切明日接魯賓函云彼已至各當鋪訪問麥布利雖於數處當有衣服等件但鋪中人僉無有能知其去後行蹤者哲慕閱畢自思魯賓係一明探人或有悞干涉不敢明言者隨命特倫同伴往墨布大街至第十八號係一尋常之下宿店特倫捻鈴門開處一婦人出似愛爾蘭人丰度亦頗嫻雅殷勤速客入即問曰二公光降得無欲在敝店一停大駕否哲慕陪笑答曰不敢有勞厚意今特偕敝友同來有一事欲相詢乞見告婦人曰莫非亦來問可憐之麥爾不祿先生者乎倫敦殆將圯矣昨日午後余方飯

畢即有一虎鼠不類之紳士來詢麥爾不祿余已告彼余客已去彼仍窮追其去向並問何時離此及因何故離此一如麥爾不祿欠其重債者今朝又來一人詢余曾否知麥爾不祿於何處典當其衣服等件並問麥爾不祿面有驚怯色否如此種種令人厭殺今君等光臨或不以此君等亦思余時促事繁更豈能以了不干己之事常置腦中以供諸君之究問耶哲慕躬身荅曰夫人乞勿怒余等以與麥爾不祿有急切之關係不得已來此一詢非敢冒昧有擾清神夫人如肯有所見告事畢之後余等不吝報酬婦人曰君言似太客氣余寔無他言可告君自麥爾不祿去後以至於今余亦未得其音問人皆云彼係一亞美利加人余想彼已歸國去矣惟彼之可異處令人皆不能臆定其爲何如人至於白日三餐夜中一夢皆與余等相同余之所知僅在是他寔無從應命乞諒余哲慕聽畢知再問亦屬無益隨取數紙紙幣遞與婦人曰不腆之儀幸勿相卻婦人忸怩作不欲受狀然已按入手中哲慕等隨作別歸寓愛梨候於庭中手執一電報曰兄歸甚巧適一電報來妹正欲拆視哲慕急自妹手取回拆閱係魯賓自華特露所發略謂仇人踪跡已得事成再爲詳敘哲慕

閱畢自語。魯賓何故不以其去向告余。致令余等懷疑。悉梨曰事未成之前。不欲人知。亦係偵探之習慣。吾兄今日想亦疲勞過甚。亦乞稍自珍攝。言時。忽又一函遞入。哲慕接閱。係寄自荻水函中。要皆慰籍保重等語。婉轉呈詞。柔情滿紙。其爲文亦甚長。半勾餘鐘。哲慕方能畢讀。當晚。哲慕倦極。十鐘即就寢。夢中一如麥布利彷彿立目前。及進捉。又非其人。亂夢顚倒。心神不定。是日過午。又接魯賓來電云。本日午后四五勾鐘時來寓面叙。及時魯賓來。哲慕視面呈不豫色。已知又屬無效。隨問曰。君莫非又失敗否。魯賓嘆曰。僕力亦幾盡矣。前日有人報告云。有一人在米恩路當一小皮包。其面貌與余等所懸之人無二。僕急往詢問肆中人。云彼寓于該處一附近之街。及僕偕二友至該街。彼已徙去多時。然確聞彼已于當日朝往南阿母屯買舟。將歸南亞非利加。僕於是急驅車往華特路。及抵該處。發電致君後。僕即乘往南阿母屯之火車。及車到站。聞斯舟于半勾鐘前已致輪去。僕更往賣票處一詢。曾否有是人來購票。皆答無錯。君其無怒。縱彼得安穩離英倫。至馬得刺時。亦必被捕。彼處警吏。僕早通知。靜俟縛彼來。交付余等也。彼奴蓋不知余等之窮追其後。彼將以一離英倫即可脫出法網哲慕曰。余等但望此奴被捕于馬得刺。但不知舟到馬得刺一定碇泊否。魯賓曰。馬得刺爲出港之第一埠。往來船隻必須停泊之所。君且暫忍以待。僕今日過勞。頭炫心逆。不克久陪。哲慕送客歸。往尋妹活。一切不料荻水因頭痛已寢。哲慕連日疲甚。寂坐寓中煩悶益甚。隨更衣携杖出門。沿彼開里散步以消積鬱。負手緩步。口中細味雪茄。心中忽念及荻水昨晚函中頗有懷遠之悲。更兼老父深仇未復。鈍吏頑警亦祇徒餙苟延。茫茫來日。身世可悲。離合窮通。慨難預定。正凝思間。不覺已過彼開里角。更進至賴色特街十字路口處。天已濃陰。細雨霏霏落。遂招一馬車來送其歸寓。登車未幾。已近彼開里。正行間。將至克利提凉戲園。忽傍側一人。自在側簷下趨出。欲横過向右。適當馬車之衝。車夫急提韁向側。其人方免衝倒。哲慕急自車中鞠躬立起。視其曾否受傷。隨即探首窓外。見其人正擎拳作勢。怒車夫之不注意。其欲相毆。及其人見哲慕探首出。急歛拳卻退。一俯仰間。已向車後逸出。哲慕辨其人非他。正踏破鐵鞋無覓處之里査麥布利也。

第八回

哲慕遽睹麥布利驚喜失措狂躍車中不料圉人已驅車前進哲慕方大驚曰余何憒憒如是不速下車擒之彼不遁乎隨即推開窗門呼曰急驅回急驅回言畢不待車停急躍下急出錢付圉人且問曰適纔幾被余車撞到之人汝見其往何處去否圉人答曰吾見其往列劍街去矣彼非有意攔吾車吾等幸亦未傷彼哲慕不待其畢言急奔至彼開里角一巡察前氣喘如牛大呼曰適纔有一人幾被余車撞倒君見否巡查視其洶洶之狀不覺好笑隨緩緩答曰予已見之如何哲慕急曰君可急速尋其何往即刻擒來見余此時刻不容緩余等爲彼已屢次失機巡查睜目半晌方答曰彼未受傷彼之幸也何故擒之哲慕急曰君未解余言乎君可即刻將彼尋出余等屢次失机皆因遲誤致被彼遁去巡查呼曰咄——何事如此洶洶何故令余急擒彼斯時、哲慕暴跳如雷大呼曰此人爲芝布利之殺人者偵探員告余云彼今日已往南亞非利加去彼等又失敗矣余適見寔無差巡查視哲慕額汗如珠唇顫目張語無倫次疑其或感時症反温言慰之曰天已不早速歸就寢明朝自安寧矣言畢點首微笑他去哲恭自思曰此史蠢愚太甚一時焉能與之說明余亦不可失机余且自往追之想畢即向列劍街行未幾已及其半自思則將此街行盡又焉知此奴之遁處況此奴已見余面應料余必追尋又焉肯在此廣市中徘徊余應往背街狹巷尋之方可隨又轉入數小街內風高霧重路滑人稀數步回旋幾迷出路更自思曰余縱蹀躞至天明亦徒自苦耳不如即往警署報告彼等應較余精細思畢即出街雇車抵署署長接見頗慇懃哲慕詳細告其所遇并云警曹魯賓之失誤署長曰余即時必知會魯賓一切但未知在彼開里所遇之人閣下敢必其爲麥布利否哲慕曰萬無一失任彼在何處余一見即可相認況今日彼之全面已爲余見故余自信其不謬設非余車夫遲延之誤彼已早被余擒署長曰誠如閣下言但今日彼之容貌服飾或閣下記得一二更乞相告以共余等參考哲慕曰彼之容貌仍與吾等圖說無二但今日彼所冠者係一黑氈帽着一褐色外套領口捲上署長聽畢悉記于手冊上哲慕視夜已深即告辭并相囑慎勿失機歸寓後即入寢豈奈日間過勞隨至失眠至雞鳴時稍一朦朧已是半窗紅日朝餐甫畢魯賓已至即問曰君之發見誠令余等訝甚昨日彼開里角之歷史余在署聞之已詳哲慕曰幸彼尚未

離英如君之臆斷者今朝君有所聞否魯賓曰否余方自署中來未有所聞署中人已至該處稽查各旅館及各公所不久必有回音但君今日告署長云麥布利戴黑氈帽着褐色外套余想倫敦城中作如是裝者何啻百人苦余等能得一麥布利之照相則余敢確定永不致悞哲慕聽畢忽憶芝布利宅南一積物倉中有一箱中藏書籍及照相片帖等等係其父自奧斯大利亞攜歸者尚未解視幷憶其父有云麥布利曾爲其好友數年或此中有斯奴之照相亦未可知隨決意歸宅一尋幷就便一視荻水乃以其意告魯賓魯賓極口贊成曰如是則强余等憑空購想多多矣哲慕曰余即乘今日午前十一勾鐘之火車歸芝布利若有所發見即電知君且以照片寄呈魯賓聞言辭去哲慕告其妹幷特倫一同暫歸芝布利及抵米蘭日已斜矣自車站覓車隨向故居徑發轉瞬間已過村中將及園門愛梨忽在車中呼哲慕曰彼處非荻水乎哲慕擧目見荻水方自偏巷中出遂命停車急躍下超至荻水前曰久未見卿形容何憔悴如是余不料未及門即得見卿誠屬至幸連日天時不正卿亦別無所苦否荻水曰今日何遽歸昨接來函余想晤君尚須時日今已歸來豈又

別有事端乎言時、眉積蹙狀頗不懌芳喘微微大有弱不禁風之態哲慕答曰別無他故偵探索凶人照片余等特歸來尋覓荻水余視卿面色頗欠朗潤似有所苦惱荻水曰余別無所苦惟適與祖父言稍有不合處輒被其槍白殊令人悶々余急欲同愛梨話舊今且勿談彼言畢即至車前愛梨已下車隨互相握手寒喧道故問答、半晌愛梨欲邀荻水至宅中便酌意恐伯司非怪反使荻水受氣隨亦不相留四人俟車去後乃緩步進園先向寡婦家來哲慕即以連日在倫敦所遇者告荻水隨問曰荻水卿尙未告余究因何故又受伯司非之搶白老人頑梗卿亦何必自苦聽之可也荻水垂首不答哲慕曰余知之矣想必又因余事使卿又受磨難余雖未親聞見料伯司非亦仍不許卿與余等往來耳未知是此故否荻水曰原因大都爲此少停、更微微冷哂曰哲慕余此時亦無從自衛但自余祖父與汝角口之當夕余寄汝之函即爲余之誓書汝謹誌之可也哲慕曰余已確信無少疑但以余故使卿屢次煩惱哲慕問心殊難自慰愛梨曰是勿傷余亦覺余祖父拒汝太過且時以不入耳之言相觸汝於荻水之愛情仍不少減徒使荻水增愧哲慕曰老人行事無意識者居多設一旦轉意相從余等仍爲完美之姻眷區區小節固是無妨也。言間已近宅門荻水隨與衆握手自歸哲慕等亦轉身入自宅。

（未完）

第七期

來稿

悍兒之厭世主義

著者　悍兒

悍兒悍兒汝父藹園汝母雲蓮構造汝身使汝出現於世界垂二十七周歲矣汝顱軒肢堅目熒熒欲火髮烏而澤鼻準豊頰外突如壺體格長五尺三寸踞臥僵蹲神采岸然汝少時操骨相術者夸汝有臺閣氣概親戚里黨走語以其私願汝父母眉腮際偶露不言而矜之色方冀汝稍長紅頂綠轎往駟馬高車來也汝十五擢高第汝猶能記憶之乎嗣玆遨遊京津魂遐魄震不自愛護其元過軹井而訪聶政歎無姊度易水而惕荆軻悲無友徘徊燕市菜市口斬頭臺下手掬强盜新斷之脰吮其血慨然有雪涕從君地下游之想噫！以汝長才苟一屈膝伏首獨患不能爲宗族交游光寵乎孤蟬嘄於秋葉杜鵑啼於夏木蚯蚓引腔於黃泉蝦蟇怒嘶於樹根籟其天也汝之耳皷淵然若肆擊海棠帶露而垂痕崇蘭因風而逸芳蓮不爲鴛鴦添

色菊不爲蛺蝶枉蔕觸其性也汝之眼簾奕然若有感錦幢蠟薪富埒季奴簞食瓢飲貧樂顏賢國士吞炭頭辱溺器太守肘印婦死覆水謳其遇也汝之腦際靄然不可擠孔子大聖也汝以爲大盜之導師其禍之於人邁於洪水猛獸父母種始也汝以爲肉體之遺傳其慘之於人儕於疾疢蠱魅禮義廉恥美德也汝以爲對待之名詞其苦之於人重於扑責戕殺革命流血何樂也汝嗜之如小兒餂飴青年就枕皇帝大臣何卑也汝斥之如印度毒蛇美洲鱷魚余無以解汝矣余且滋感汝矣悍兒曰戾哉翁也巢父許由不履七尺之階田隨務光不取一勺之粒孤桐不入林浮磬不涉巔巴山之嶭嚙臍而投不測之谿洛東之雞斷尾而鄙九屆之享空桑子朝欲東游反手疾馳瞑焉溺海以喪安期生寢擁妖姬洪崖拍肩劃然長嘯不止何樂乎生新婦涕粃擢吾筋也醯醪醉味饜吾神也何悽乎死白雲野草無於繫也山象林鹿任其之也翁以爲世界乎肉獄耳！肉獄耳！處於肉獄之中桎梏吾肉縲絏吾肉鞭笞吾肉臠剮吾肉吾肉無以自解脫遂自贊爲享肉福翁乎翁乎翁乃肉種受肉壓成肉惑吾思吾不能以吾主義釋翁之感蓋吾主義抵翁之肉耳肉目肉口肉

腦肉神經如以莛撞白鐵之洋燈罩以繩摔紫泥之破油壺嗒然頹然不能發廻音

此時似對吾主義不堅吾主義實不能任咎

吾主義云何曰厭世主義厭世者即厭故喜新之解釋吾不願遁迹於荒山大谷與啾々之猩猿巉巉之巖石長此春風秋雨食息於自在天吾亦不願藏吾尸於五尺黑漆木柩蕭蕭白楊寂寂碧塚使黑林夜半行人經吾墓道髮際磔張備吾之冤魂伏而嗜人蘭閨晝掩吾嬌弱之情婦睹吾撮影輒牽幃飲泣自傷流年似水荊棘玫瑰吾固欲呈吾莊嚴華麗之色相攙入此黑暗愁惋之舞臺撓吾如雪之腦流吾如醴之淚噴吾如油之沫喋吾如猩之血翦吾如絲之髮折吾如鐵之骨鑠吾如脂之膚以慕造成我思審界中最高上最圓滿之快樂園十年不能至百年百年不能至千年苟不能達我思審界中最高上最圓滿之快樂園甯使吾人類悉化蟲沙入圜溷墮地球上名山覆吾人類死屍爲大京觀曲太陽光線照成數大字曰愛自由者之墓猶愈於醃沒於肉獄耳肉獄乎！肉獄乎！吾厭汝以皇帝爲礎以種種不自由爲盾日圖高厚其圜牆沈滯其鋃鐺被於我愛自由者之身也愛自由者之悍兒

行將與汝長辭矣愛自由者悍兒之同情男女將惟悍兒之言是聽與悍兒携手登自由塔入自由圃不再回首望肉獄矣

悍兒言未已翁大笑。意若有注。徐言曰悍兒之主義余知之矣悍兒之手段抑又何如悍兒曰革命！革命！革命！翁不悉悍兒言乎請爲翁進一解

悍兒之父母方十九歲乃値人類肉慾發生時期而產悍兒是悍兒陷於肉獄矣悍兒身陷於肉獄悍兒腦際常仇視其父母但悍兒猶慮他人之仇視悍兒者亦復如悍兒悍兒漸不欲人類永立於負號的地位乃惹起一番厭世主義思率人類播遷於正號的地位以免循環仇視之不快悍兒之主義以革命爲利器如食之有箸自由不獲革命不已非尋常所稱狹義的革命也

悍兒告翁旣竟。乃作悍兒之厭世主義不必成詞不必工非如科學家之認定體例句斟字酌非如政治家之發表其宗旨堅人之信大半悍兒得之於耳目腦三際者掇拾成篇。以示悍兒厭世主義之所由來與悍兒有同好者花前月下酒後燈前旅館伏枕被池談心手此小册子悍兒隨時侍立於側仰承色笑

戊申四月末日悍兒之供獻詞

主義之根據或消滅

悍兒曰。一主義之發生同於生物進化必有其確定之根據則由此根據漸孳漸育可成一完全獨立之學說吾主義之如何進化及其長成及其末際一刹那間之消滅宛如吾人之由細胞爲胎兒爲嬰爲童爲少年爲壯爲老爲死其身體之外廓雖以至精之肉眼不能明示其每秒時間成何變狀爲生理上之自然的工能然吾人以科學的理由佐證試驗解剖已經過之期當堅信吾人身體機關之內藏者不常於一秒單位以下之時間廢止其動作苟爲一秒單位以下之時間廢止其動作則生之力消滅吾主義之長成亦猶是也苟吾之腦線分泌不已吾主義必循縲絲的階級的渦盤的路徑的約而言之勿論爲曲爲直爲轉爲旋吾主義乃一有韌且彈力之物體向一平線或一直線前進決不爲凸凹的偏側的所滯

雖然吾主義之長成爲平線或直線務度過螺絲的階級的渦盤的路徑的以達吾主義上之認定爲平線或直線之際如獮猴作劇升至百尺竿頭極望無地或即立

刻跌下蹲其竿底觀者拍手戲者搊鞭方逐二次之長成如櫻桃著花絢爛動人一霎隕墮俟來春風吹含苞欲語能惹起人目中舊有之概念歟非也吾主義決不能有依舊之長成吾主義之長成殆如綿長的循環的轉輪的已經過之地位決不令其影常留於人腦其狀再現於人目使吾人類常覺其爲第二或依舊之事迹蓋吾人類偶覺某事迹爲舊則厭字之旨趣即立刻引起須知舊者爲吾人類所最不歡喜者究之吾人類腦際所謂一秒單位以下之百位千位萬位恆河沙位無量位不可思議位之時間空間何一非舊之容量何一非舊之體積即無一爲吾人類所歡喜者吾中國學子不思以廉悍之眼光靈敏之手腕排除吾人類所最不歡喜之事迹使吾身活現於琉璃域一片光明澄澈毫無塵芒乃蔫守異祀孔氏之陳說自甘爲奴婢爲媵妾爲牛馬爲原生物可惜也夫

但使學子自爲孔氏淺狹主義所惑不過蠱吾人類少數之頑夫懦子膃肭臍之液不足贅人精烏賊之光不足奪明珠何弔乎獨是一般婦孺鄙夫之見解偏趨於一般學子之所倡導如英國愛兒蘭之燈塔其光出潮滿線數十尺足爲大西洋渡航

者之標識雖遇猛烈之風浪司舵者必認之爲合腦之定點不敢分豪鼇大地陸沈桑田滄海火炎崑岡玉石俱焚不知吾人類正如電溜之通過必至其極而止如水性之就下必至其平而止一處阻之塞之則其移一地之燒熱與沖刷必更猛劇以洩其所蓄之力不得謂電無極水不平也悍兒非好爲聳說立於輿論中之額非兒士峯以激動將睡者之腦筋使之反側不能成夢中之佳趣正將引睡者之覊魂排空御氣冷然而領會夢中之佳趣讀吾書者謂之烏脫邦可也謂之催眠術可也愛吾書者當如黑幕中看活動電影當如蕙帳中看春宮秘戲意與神會急起直追悍兒當輕紓素腕徐徐爲少年閣下寫此妙詞悍兒當巧囀歌喉嬝嬝爲親愛小姐唱此艷曲

敬重兮自由！親愛兮自由！母兮呼汝爲嬌兒！弟兮呼汝爲愛姊！悍兒兮呼汝爲意中人！我欲抱汝嬝嫋之細腰！我欲接汝猩紅之櫻唇！我將以沈香之梳理汝烏雲之髮！我將以翠藍之由膏汝尖筍之靴！自由兮曷往！自由兮曷來！汝往兮我以吾主義馭汝！汝來兮我以吾主義殉汝！

今必欲消滅悍兒之主義則以三事相約悍兒即立刻消滅此主義

一、某一瞬際毒霧淹薰人類如食哥囉昉草全數死絕

二、人類細胞之發育成分全爲鑛質

三、人類永不担任傳種

以上三事均屬理想上的可鞫定吾主義消滅之際則世界當與之俱息或謂吾死則吾主義消滅判定悍兒蓋棺之時即爲悍兒主義宣告死刑之時此說亦不是過於臆斷但悍兒堅守同類一情之說悍兒之主義之根據全是情之一字所孕成悍兒既以一情表示於同類同類不以一情對證於悍兒必無之理也悍兒之主義決定其非後來的乃由於同類腦中所原來的一分子故此主義雖標題爲悍兒之主義亦悍兒代同類揭出之主義索悍兒之主義者各個自索於腦中當各產一悍兒故此題名謂不謬悍兒主義之長成必使同類之原來的情每一觸起輒如太陽光線皆直行不可盤曲抵死不肯受後來的勢與力所壓倒故自一方面觀之悍兒主義常循其自然自其又一方面觀之悍兒主義每呈其反抗此正無異於近世之無

政府主義平民主義也世之欲保全原來的抵制後來的者請觀悍兒之壓世主義

原來的與後來的之界說

悲哉衆生之載胥及溺也明能察豪毛之細而不見泰山之高智能判洪荒之史而不足言眉睫之顛蹶勇能仆萬夫之敵而不敢衡朽尸之遺賢豪與庸凡揆而治之於落溷西施與無鹽儕而置之於一俵屎尿也金盃玉盌中之美味虺域也床第枕席上之佳人血腥滾滾黃沙漫漫舉世酣醉晏安酖毒如黃河之水一決千里村林田廬漂沒於傾刻如戈壁熱飈驕陽亭午人馬老駝壓斃於草根此高陽之苗裔所以憔悴行吟於澤畔雅典之哲儒所以白晝提燈於都市也

悍兒曰吾主義之長成必伎同類之原來的情每一觸起輒如太陽光線皆直行不可盤曲抵死不肯受後來的勢與力所壓倒此誠吾主義之能力與結果也吾同類之初生其與胚同時長成者即有情之一種乃是吾同類自由之根蒂亦即吾同類愛自由思自由之種性聚千百萬最有勢力之生理學家哲學家腦能學家（日本

稱心理學）必不敢謂關於精神的發生有與吾同類之情作駢枝體者柰一切衆生腦中受外來之刺激其初亦頗與原來的格鬥如盜憎主人操戈胠篋不欲主人起而作抵抗勢及漸與主人狎於是開門揖盜甘心退讓甚至引爲知已容忍而愛護之枯坑之魚久則失其視力螟蛉之子長則似其自出物固有之人亦宜然

今之世婦女市巷之口談莫不曉曉然曰合於情理背於情理情理二字甚冰炭習焉不察動輒連類並舉即文人學士泚毫抒素泰然命爲祭酒老師竟伈伈俔俔爲古人傭斷當代辯護偶一動作惕然恐知理者之擬吾後也偶一出言眡然慮據理者之爭吾側也自少至於老死始終爲理所束無任事力無發言權吾中國五千年來文字可據爲實錄者不啻汗牛充棟竭个人畢生之精力歲月不得一寓目者良多大要可以一括孤了之曰鈔襲而已噫一雄國民之國魂僅贏得鈔襲二字民欲不愚國欲不亡其誰牖啓而將伯之哉悍兒恆憶及此恨不起古人於九原撾其頰而褫其魄慷慨而數其誤我良民之罪聽者應汗流僵走見者應鼻笑目非則此又

悍兒所鄙夷不屑與伍者也

理亦毒談也哉其性質每與原來的情不並立常立於互相驅逐之地位情本即其原來的地位發生不已其發生也尤力注於圓滿自由之境界不肯半途而止理則爲情所招之强敵往往依賴後來的勢與力爲之後盾雖不能入吾同類思審界中縱其殘暴但事實界上彼則驃悍佻達用侵略政策而占最優勢的地位久之吾原來的情爲所屈伏偶有一二奮勇前驅務破壞理之藩籬者反不能取價值於公論情理並舉之名詞乃種種不平等不自由之原因極其害至於亡國滅種悍兒蓋亦不欲悉言之矣

世界有無理之人矣世界有無情之人乎悍兒少時有從姊一人長悍兒五年有半抱悍兒學步學語食息哭笑皆姊提攜掖扶之悍兒十三歲出就外傅與姊並坐一案悍兒時戲於姊側欲述鄰家新婚猥褻之詞以相戲笑未及言忽飛來一物如鎗彈之中腦戛然而止噫此何物也余厭之余厭之殆吾主義之反動乎蓋揆之於理姊弟不宜相戲也理固如此之强有力乎固足以排斥我情之自由乎悍兒此言在

今日社會吾知必有大多數笑我悍兒詈我悍兒並有許多講理學者攻擊我悍兒爲狂徒爲敗類究亦何損於我悍兒悍兒持同類一情之說銳意孤往覺世界上苟有一人一事之足以壓倒吾原來的情者悍兒當把情斧縱情火剷除之焚燒之使之永不能與吾原來的情爲怨耦悍兒乃得置身於極平等極自由的地位吾同類有眞愛自由者乎曷來與悍兒握手言歡任意所之把世界不平等的根株拔夷而蘊祟之始得覓自由之徑啓自由之門登自由之室掃自由之榻飲自由之玉液與瓊漿服自由之霧縠與雲綃不平等之根據全爲理之一字所積合而成故求自由者當去不平等去不平等者當先滅理滅理者當先殺後來的勢與力積勢成力積力成理勢與力枝幹也理果實也因此三者常固結以侵犯吾同類之自由使吾原來的情不能頃刻自存所以必排斥之使歸於消極的不存在也現世學子苟不承認理與勢力當同受排斥之說乎請略言之以釋其疑詰

現世之海牙萬國平和會可謂理上之名正言順者矣吾國以無軍艦故受三等之恥辱不聞會中之主持公理者出席而揭其誤軍艦者何勢與力之標準也無勢與

力即無理。可見理仍爲勢力之相續體而非單獨體也。俄國高加索司省居民。因不忍受俄人荼毒。舉代表向海牙控訴。此亦可謂合於公理之問題矣。會中斥其妄不與通過。埃及波蘭猶太印度越南等亡國。吾不必列舉。近年來日本之於高麗。在甲午一戰。初何常不認其獨立。乃日俄之役以還。日人占領高麗半島屠戮其人民。霸佔其產業。封禁其報社。流置其皇帝。不聞列强據公理以干涉之也。盖勢與力之於理如老樹着花饒有餘妍少艾傳粉鮮嬌動人耳助桀爲虐置虎而翼無理則勢與力不堅無勢與力則理無憑藉彼一般昏頑之夫不思勢與力之所以成而倡言公理者殆亦飲水忘源逐浪失楫矣

悍兒準此原因爲一界說曰。吾同類原來的情乃決不可無保存之使不爲外界所損即爲眞自由現世界後來的勢與力乃決不可有服從之使常爲內界之敵即爲眞不自由

反對厭世主義者之抗辯

反對者謂悍兒曰子之言誠莠言也自孔子至於今日著書說理者勿慮數千萬人多者數十百卷少者亦章銜句接藏之名山懸之國門蓋莫不持之有故言之有物高者入青天深者入幽淵縱則極天地日月山川草獸及一切可駭愕可鬼神可喜躍可悲怏之色色形形窮則即人生日用倫理布帛菽粟門庭戶牖食息寢游之間莫不窮究其所以然雖不能如子之說必本於人情乃反覆詳贍以求理之大者昭昭於天壤皇皇於人心殆亦廑念世道者之所爲歟悍兒曰吾人類之逐漸長成恰如个人身體長成之次序則治吾人類歷史學者即當本吾人類原來的情爲根據徐徐即情之進化以探其終極不得以客觀的雜揉於其間無根據之學說必無効果反體吾人類蒙此囂氛子以吾國學子說理者之衆乎何吾國民生日即於耗亡而不能援理以相挽捄歟蓋說理者說後來的勢與力也非說原來的情也故說理愈近去情愈遠情亡則人類之眞自由亡眞自由亡則所謂人群者殆如一泡頃刻化散不可再結悍兒敢正告子曰說理之學說即說勢與力之學說說勢與力之學說即學亡國滅種之說何哉

學說足以移轉人心苟使立說者不爲張皇補苴之言則其効果往往驗之於數十年數百年或數千年以後古人閉戶著書不憚犯舉世之不韙明目張胆號招徒衆以冀我學說之燦爛於社會即或舉世不應目爲公敵宣之公庭逐之國外流之荒島飲之酖酒受盡種種苦惱究不過一時勢與力之膨脹一般人類耳目未能遽脫除積習迨衆人之舊觀念一旦失其勢力必有人焉拾取殘編喚起幽魂被髮佯狂痛先知者之慘死悲衆生之墮落登高一呼萬山皆響愚夫愚婦亦且奔走歌泣爲某學說効命恰似晨鐘初動叫囂漸作黑雲乍張陽光震彩頑固者即欲再掀舊日之兇烈手段以冷淡社衆之新歡迎其機又如益薪增沸耳甚矣創學說者之不可以苟也必置吾偉大之身於社會之外沈毅以察社會思審界中之超勢一切吾原來的情爲衡遂公然以廣長舌鼓吹其主義甯受衆人之唾罵不聽衆人之拍手唾罵之聲愈厲其反動力足以助吾學說之躍高而奔速是猶造船於塢一旦下水則乘風破浪而去矣

痛哉吾中國之爲學說者其思審界中本末逆設一圓滿之目的以待此學說之成

孰特因時而鳴如鳴冬鳴夏之例耳悍兒斥之爲勢與力之學說而非學說之勢與力豈苛論哉

孔孟之學說出君權遂益尊秦始皇倡於前東西兩漢學者力主張之惟恐其學說之不明不足與君權相吻合三綱之說貽害人心良非淺鮮東漢之末學者憤外戚宦官之禍一呼百諾陳蕃李膺范滂之徒赴湯蹈火不辭其酷究無人敢倡建設新政府之議可見學說之中於人心即賢者亦只殉事君致身之一言耳不能遽反而求之於本也自此以後中原陸沈孔孟之學說或可一湔滌無遺爲我人類重添一副新腦漿未始非幸孰意天下事往往反動力超越原動力使之不能遽息三國爭割殺戮亦甚一般學子偶感於釋迦牟尼無意識之唾餘久受外界之勢與力逼迫乃由束縛而進於放縱何晏倡之於魏晉之間至南渡後益潰決不可收拾其弊也因少數之占勢與力者享不完全之自由而民悉沈淪於干戈塗炭胡虜禽獸此等黑闇世界泛濫於隋唐亦二三百年矣

唐太宗起君權乘民氣之腐朽乃大羣冏以官職爲學說之酧報納天下人於詩賦

此爲勢與力之學說漸長成時代終唐之世無一人敢爲異議个人思審自由之喪失誠堪悲惋也

宋元明及本朝將千年其君類襲唐太祖之故智而借孔孟之學說以助其勢與力以梏囚國民之思審界中間屢更衰亂淪於夷狄其民則前仆後蹶其臣則錮於烈女不事二夫忠臣不事二君之俚語以爲高然則吾人類生於世界果專爲事君而來耶嗚呼！後來的勢與力之毒人如此其大且久也孔孟依之衆人和之吾人類最圓滿的自由竟使我國人不敢設想今子尙稱之爲說理悍兒只見其爲勢與力而已矣不見其爲理也

反對者曰無理則無禮然則禮可廢與悍兒曰禮之根於情者吾主張之其基於强制之觀念反於情者吾厭之譬如禮所謂男尊女卑則傷害吾人類之平等自由極矣吾人類之初生也女子爲主位男子爲副位故社會中一切運動女子常逸男子常勞因其逸而操傳種之天職遂保有神聖不可犯之資格何卑之有禮所謂女子從一而終此言甚佳但吾人類男女愛情之觸動不必限於一人一地即女子擇愛

而交亦適行其快樂之範圍何必從一始爲美哉且以男子而論未見其皆從一也是禮之傷於情而及平等自由者悍兒之主義排斥之

反對者曰無理則無法律然則法律亦可廢與悍兒曰法律者全係勢與力之現象而淬吾人類於不平等不自由者也悍兒之主義排斥之婦殺者將柰何曰自由結婚則無此事欠債將柰何曰均產則無此事叛逆將柰何曰無政府則無此事凡吾人類自由行動在法律上視爲相牴觸者皆勢與力所表示之法律先侵犯吾人類之平等自由吾人類爲保持平等自由即時時覺其反抗解決此問題除悍兒之主義無由也

然則名譽亦可廢歟悍兒曰必先有勢與力而後有名譽由名譽仍可得勢與力名譽者最害吾人類之平等自由也譬如變童與淫女吾人類身體自由之快樂也今有人目我爲變童目我婦爲淫女我必斥其有汚於我名譽但我自思我誠變童也我婦誠淫女也究不能自承認者以承認之則名譽大減必致損我勢與力可知因勢與力始有名譽有名譽則不得謂眞平等眞自由悍兒主義亦排斥之

反對者曰悍兒之主義我知之矣排斥勢與力以求其情中之自由

不自由之申訴

悍兒游五都之市汽軍聲轔轔電鐙光閃閃似活現吾人類不自由之慘狀涉萬里之洋煙匈吐黑絮潮浪噴銀沫似仇視吾人類不自由之惡障康德伯倫知里之書爲吾人類不自由立一紀念碑也邊沁斯密亞丹之言爲吾人類不自由增一水壓機也不自由不如死！不自由何以生！吾有口口所以代表吾人類之思審與意識吾有手手所以抒寫吾人類之活潑與働作乃吾秘密結社自由言論也不自由之偵探逐我門前矣出版書籍與新聞自由言論也不自由之警察立使我停止印刷與傳佈矣一双鯉魚兩地談心自由言論也不自由之郵便則代我拆視而乾沒矣學說主義顯示吾人類之進化與个人思審之玄妙自由言論也不自由之教育則使我讀四書五經矣玉樹亭立兩小無猜青春長成鴛鴦入夢自由愛悅也不自由之父母之命媒妁之言則使我爲無意識之婚姻矣同胞也中表也自由之愛情也不自由者曰血系相交其生不蕃處女也童男也自由之愛情也不自由者曰在

家從父男女授受不親再醮也離婚也自由之舉動也不自由者曰女子從一婦有七出其種種方面務侵蝕吾人類愛情之自由使吾人類眞情澌滅相率而爲僞國民而非情種則其種不良其愛情亦幾乎息矣雖相聚爲國正如蜃樓海市現化無定悍兒深爲盲然談愛國愛種者痛也

吾思吾國殆無一自由之人矣爲軍隊也人主國防而我國則主戕殺平民爲警察也人主保安而我國則主捕拿民黨爲敎習也人主敎育而我國則主導示服從爲學生也人主進化而我國則主考試官吏爲政治機關也人主內務外務而我國則主貧酷殘暴諂媚逢迎爲農夫也則不堪縣官之追呼銀價之增加爲傭工也則不堪手足之勤苦薪俸之低廉爲行商也則不堪關吏之婪索捐輸之複雜爲僑民也則不堪外人之陵辱死亡之慘酷至於爲奴爲役爲胥爲妾爲婢爲妓爲優爲匠爲囚爲盜爲僧爲尼爲漁戶爲販夫爲父子爲兄弟爲夫婦爲娣姒爲翁姑爲乞丐各個有各個之不自由時而忘其不自由也歌舞歡笑如飛鳥依人游魚出水時而覺其不自由也哀痛愁鬱不復再受生人趣自縊死死不自由投水死死不自由服毒

死死不自由鎗擊死死不自由斷頭死死不自由懊恨死死不自由疾病死死不自由饑餓死死不自由癆瘵死死不自由決鬥死死不自由思想死死不自由快樂死死不自由其他一切種種死皆死於不自由嗚呼！世徒見我國人之四百兆悍兒但見其爲不自由鬼也不自由乎吾仇汝殺吾人類之慘且多也吾悍兒乃有生界中之第一大自由魔已約吾人類共無量數自戊申之夏始奮吾神勇與汝不自由之醜虜惡鬥於支那之野其戰線限日局之第三行星面積汝知罪乎汝當頃刻消滅汝不知罪乎悍兒則預先宣示其戰鬥方略與武器以當露布其詞如下

吾人類情中所欲享有所應享有者謂之權利享有此權利謂之自由反對吾自由使吾人類永不能享有或多數不能享有者謂之不自由不自由之胚乃後來的勢與力所結合爲不自由之代表使吾人類對之而喪失生命上精神上的自由者謂皇帝與金錢皇帝偏於勢的必得金錢以盾之始能發展皇帝之兇暴故世無窮皇帝而皇帝之生命精神遂獨享有人類之自由皇帝與金錢合即勢與力合吾人類之自由被奪吾今掃除不自由之方略其目的在消滅皇帝金錢二者二者之中首

攻皇帝以皇帝常奪我精神上之不自由漸及於生命彼誘我自由也以爵祿以名譽以金錢捕我自由也以軍隊以警視以敎育屠我自由也以殺戮以監禁以驅逐以解散辱我自由也以叛亂以破壞以病狂防我自由也以法律以道德以秩序我以書報炸彈劍銃顯吾人類之反抗彼必借一極好的地位自遁曰聞國會此仍非自由之眞相也彼尙可以執自由之死命曰勅令曰御前會曰招集解散曰不通過吾自由反應執行兵役租稅之義務不自由！不自由反抗！反抗！反抗！遂得第二之結果曰共和共和乎！共和乎！皇帝之毒消金錢之毒熾汝仍不自由之假面具也大資本家以金錢侵害吾人類生命之自由吾人類情中之自由殆將殲旃不自由！不自由！反抗！反抗！反抗！罷工！罷工！罷工！不要求加金錢而要求廢金錢拍手！拍手！拍手！皇帝死金錢廢吾人類情中之自由圓滿

悍兒曰●世界上有一人不自由一種族不自由一國不自由我皆厭之讀吾書者試掩卷以思中國人果自由人耶中國種族果自由種族耶中國果自由國耶苟不欲

享權利自由則聽彼自由人自由種族自由國之享有我等速厭世而死勿傷吾情

原黨

君子不黨。小人無朋。朋黨之說。日滋轇葛。二千年來。支那士夫競爭之劇烈。傾軋之糅沓。吠堯嚙盾。咸聚喙於此問題。而不可卒解。然小人之排君子也。必指爲小人。而不目爲君子。其排衆君子也。必指爲黨。而不謂之朋。竊謂朋不皆君子。朋淫於家是也。黨不皆小人。吾黨狂簡是也。朋黨云者。即所謂合羣。即所謂結團體。即所謂組織社會云爾。必如經生訓詁。强爲朋黨二字加注疏。是授狐魅僉壬。以排斥異己之話柄。俾得一口吸盡西江水。一拳打倒黃鶴樓。而田橫不得有從死之客。張良不得有擲椎之侶矣。散沙莫摶。野鳥難合。强鄰鑽穴。同室操戈。嗟兄弟之獨無。感江山之頓異。誰爲厲階。離間骨肉。夫何使我四億同胞。至於此極也。

粵稽祖龍。厲禁偶語。楚人入關。咸陽焦土。漢徙大族。任俠遭戮。載生光歆。永終漢祿。延熹以來。禁錮甘陵。蒼天暴死。當塗代興。清流投河。黨碑峩峩。貽罹東林。屠戮孔多。

近代乾嘉。律嚴盟結。殷殷菜市。多義士血。嗚呼烈哉。黨禍之日演日進。再接再厲。有如是哉。風雲慘黯。天日黃昏。衆口鑠金。我心匪石。凡有血氣。宜如何指髮裂眦。拔劍張弩。冀僥萬一之倖。爭生於新世界中。一般學子。顧猶手殘編斷簡。斤斤焉。侃侃焉。狺狺焉。薨薨焉。若者朋也。若者黨也。黨可殺也。朋不可殺也。試取本國歷史詢之。孰爲朋。孰爲黨。何黨人駢首就戮。不絕於書。曾不聞有朋自遠方來。爲我國民樹一正當之鵠。令永享集會之自由耶。噫。持辯護善良之宗旨。而發爲注疏朋黨之言論。甯惟辯護無効力。直爲善良宣告死刑耳。其病狂喪心乎。其腦熱譫語乎。夫亦不可以已乎。

國民者國家之實質。政府之生命也、國民無愛國心。則國家不啻一腐龜甲板耳。政府不啻一死蚌珠胎耳、然國民愛國自愛羣始。羣由結而成。故愛羣必自朋黨始。夫聚多數頑劣奸宄之徒。羣居終日。言不及義。甚或恃衆而逞。擾亂治安。大爲社會之妨害。朝廷憂之。政府慮之、憂之、慮之、誠是也。從而禁之。又從而殺之。是猶懼子婦之宣淫。而斬其共處室。防之疎、則私奔野合。辱門玷戶。防之密。則不至覆宗絕祀不止。

天道無知。豈別特爲中國產此頑劣奸宄之徒。爲人羣累哉。失教故耳。今政府不欲鑄成國民愛國心則已。如欲鑄成國民愛國心。則必令國民愛羣。則必不禁國民朋黨。欲除朋黨流弊。如上所述可憂可慮者。則亟宜擴張教育以謀普及。雖然論者對於今政府不敢萌此奢望也不應說此癡夢也我父老兄弟盍各啓朦朧睡眼一觀察今日政府諸公平項珠團團非黨人血不足以紅之私囊纍纍非黨人產不足以充之黨人黨人固大小臣工升官發財之利器也彼營營如蠅苟苟如狗昏暮叩人之門戶男女爲人之僕妾舍巴結賄賂蠹國賊民外試問所執何事彼輩之頑劣奸宄已爲下流莠民所望塵不及而冀其施行國民教育不幾亡羊者問岐路於師曠效顰者學捧心於東施耶

匹夫有責王者不貴。政府之無望既如彼。大好河山儘可聽其斷送於碧眼小兒令我父老兄弟同作一墟之貉耶。邇來革命風潮。活活其流。發發其飄。一日千里。勃不可遏所謂伊人。何怨於政府。捐頭顱捨生命於舉國酣睡時。起此中宵之舞徒。驚九幽殢魄。推其用心。詎不知坐高堂騎大馬。一呼百諾。養尊處優者。可以暫享目前之

樂而必趨人所避尋苦腦冒危險日施行其破壞手段良以楚歌四面危機一髮不除引賊揖盜之奸轉瞬而刧我者相將以升堂入室家人婦子必有不堪設想之大辱奇禍故不惜拼玉碎以求瓦全是其主義固與前代歷史中朋黨有別乃傾耳一聽官場之口風則嘵嘵然相誡曰黨黨附而益之且曰黨匪黨匪於是偵探大索警隊四出黨黨也不黨亦黨匪匪也不匪亦匪朋黨之辯遂變而黨匪之辯黨匪之辯誰能辨之願我父老兄弟一發猛醒痛除咬文嚼字舊習慣黨我者我亦黨之匪我者我亦匪之一乃心力廸乃果毅驅彼狐鼠葺我城社二十世紀新中國或於亞東樹一徽幟乎

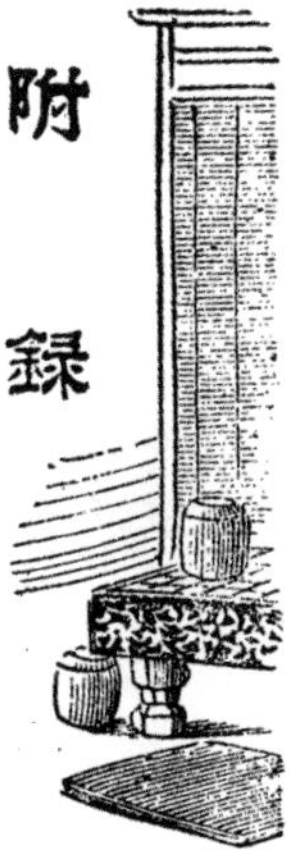

附錄

創辦中州華興機器衛生麵粉有限公司公啓

咱們在世間上過日月最要緊的事情可有三樣頭一樣就是那所穿的衣服第二樣就是那所住的房屋及那房屋中所用的家具第三樣就是那所喫的糧飯諸位請看近來的衣服不是洋緞就是洋呢不是洋紬就是洋布算起來眞有幾百樣子說也說他不完我們中國的粗布紬緞一點也賣不出去了像那所住的房屋又都以洋式爲時興所用的家具又都以洋裝的爲別緻這些銀子錢不都教洋人誆去了麽大家想想咱們過日月最要緊的就這三樣已有兩樣叫洋人奪去這已經是了不得了近來洋人又造出一個磨麵機器在我們中國立了幾個公司所出的麪

第七期

又細又白又沒有麩子價錢又狠便宜且是乾淨無比喫了眞可以衛生說起那衛生的話就是那保養人的意思諸位們看那好不好哩我們中國人是好沾便宜的其實這個便宜也就沾得所以那上海漢口等處凡有洋磨的地方我們中國的麪房生意甚是不好漫漫的都歇了業了大家想情我們中國的麪房都歇了業這個喫食不都要仰給外人了麼那時我們的生死咽喉可就叫洋人搦住了這還了得麼況且我們河南人的性情每天三頓飯非麪不飽雖是這個時候還沒有洋人來立這樣公司然近來火車已通往來的洋人就一天多了一天稍不留意這個利權一定又要落他們手裏想起來實在可怕大衆的因爲這個緣故要想早些下手自己創設個中州華與機器衛生麪粉有限公司招集股本指日開辦免得日後受洋人的挾制以保全咱們過日月最要緊的這一樣事情這就是大衆的意思了大衆的現在已將公司的章程商量齋備招股以二十萬元爲數每入一整股合收大洋一百元一整股更分開爲十零股每入一零股合收大洋十元分兩期交以便措辦想諸位知道這個利害的必定要歡喜無量避禍求福的法子再沒有勝似這樣的

了諸位呀咱們快快拿出銀錢入股罷勿當面錯過這個好機會喇

贊成人同啓

中州華興機器衛生麪粉有限公司簡章

第一條　本公司擬呈明　農工商部立案保護在河南省城南關購地設廠招集商股創立公司訂置西洋上等機器專磨純淨潔白麥麪粉以圖利益一切事宜悉照有限律辦理

第二條　本省北負大河塵沙時起又千年舊都人煙稠密因之城内水土空氣多含雜質向來土磨汚穢不堪往往致人疾病深可痛憫本公司旣擇城南空氣水土潔淨之地又用機器細磨麪質之佳當較以前土磨萬倍近來衛生學日見發明必將爭相購買銷路之廣可以操劵

第三條　機器磨麪出自外國近來南省上海等處已有洋人開設此項公司獲利之厚不可思議河南爲產麥之區一日三食在所必需不圖抵制必被外人所奪更兼火車續開四通八達西至山陝北至直隸東至山東南至許信皆屬最宜出

場較之南省利必更厚關係亦大一經組成逐漸推廣將來歲計所入當爲商界霸王

第四條　本公司集股本二十萬元請　部保護作爲有限公司先由發起人承認股本四分之一餘四分之三招集商股開辦凡願入股者每一整股合收大洋一百元一整股更分作十零股每一零股合收大洋十元按兩期收入第一期以本年六月至八月爲限每一整股先交大洋五十元接取收條每一零股先交大洋五元掣取收條第二期俟房屋造成每一整股再交大洋五十元掣給股票息摺每一零股再交大洋五元換給股票息摺未開機以前週年五釐行息既開機以後週年七釐行息每年終算計贏餘作爲十成提二成歸在廠司事工匠花紅一成歸發起人酬勞二成作爲公積餘五成按股均分三月底憑摺付給臨時須登報宣布俾衆週知

第五條　本公司訂購西洋最新磨麵機器全副每一日夜製造在百石以上凡以前憑籍土磨生活者未免列在淘汰實商業競爭之公例殆亦無可如何本公司

同人心甚不忍擬開機後特訂販賣章程廉價批售以期小本營生各家不致有失業之虞

第六條　本公司開機後當逐漸擴充凡商務繁盛之地分設批發所售賣本公司麵粉及麥麩等貨

第七條　本公司爲純粹的中國人所組織凡入股者必塡明姓名籍貫外國人不得列入原有股份亦不得轉售於外國人違者股票作爲廢紙股銀充公

第八條　本公司設正副總理各一人及司事辦工數人外請工師一人專司機器機匠三五人分執各業用人一秉至公不得循私惟一人認股至二千元者有薦舉司事之權但人數設有定額必待有缺方能補用

第九條　本公司每屆年終結賬一次覆核無訛即將賬單刋刻刷印三月付息之際隨時分送俾各股東得悉本公司內情

第十條　本公司係屬商辦凡入本公司股份者不論何人一體看待無所歧異

第十一條　各股東所領收據或股票息摺倘有遺失燬滅當由該股東刋刻告白

載登各報俟三月後無人爭論方可邀保人赴本公司補給

第十二條　本公司股票照例原可展轉買賣但轉相買賣之際須覓保先到本公司經理處聲明原委並受主姓名籍貫必如第七條所訂方能認可

第十三條　本省風氣未開招股集資良非易事在省設立招股所數處開列於後更於各外埠州縣多設招股分所以期迅速濟事早收成效

第十四條　凡在外埠州縣招集股份倘有銀元不能通用之處收入股銀當以汴平七錢一分折算

第十五條　各股東有住處較遠不便與本公司直接交涉者如無甚大關係可由各招股分所代理

第十六條　本公司分招股所或招股員有能一處或一人經手至十整股者酌給本公司零股一股由此遞增每至八整股即酌給本公司零股一股一樣塡發股票除不給官息外所有權利與普通股同又本公司接收招股所或招股員滙到股銀每百元提出一元作爲該經手入津貼

第十七條　現在招股時期先由發起人集資在省城內設立錢業一區作爲本公司辦事根據收來股銀自行存儲免受他人虧折兼以聯絡商富使人信任其命名即稱華興錢業公司與本公司爲附屬機關不得獨立

第十八條　本公司錢業一仿文明辦法出欵入欵尙實公所有市習押秤冒價慬褳拉謊等弊概行洗除

第十九條　本公司辦事權限以股本之多寡爲斷凡入本公司五整股以上者皆有議事之權不滿五整股者可聯合至五整股亦有議事權所有本公司內應辦事宜除由發起人督同司事辦理外其有必須會議之處由發起人隨時邀請各股東會議取決宣布施行

第二十條　每年結賬後二月在省城開股東大會一次公舉查賬二人細查賬目並會商本年應辦事宜以求改良進步推廣之必要是爲尋常會如有重大事件由發起人隨時招集各股東會議是爲特別會無論何項會議均以多數之從違爲斷

附言

此係簡章如有未盡條件隨時更訂特此聲明　發起人仝訂

汴省收股處

西大街圖書儀器公司

西大街大河書社

北土街榮泰閣紙莊

南土街富育長葛布莊

學院後街體育學堂寄宿舍

南京巷口元興和錢莊

第七期

發起人

段繼培　閻永仁　古寶善

韓殿珍　尙杜文　馮瀛蘭

王伯坦　趙克和　王爐

孫壽謙
李榮慶
馮翼清
李振鏞
陳嘉桓
仝鍾潤

歐陽政
歐陽昇
張嘉謀
陳壽嵩
李沛恩
施雲岫

李錦公
陳灝
李志
沈兆慶
翟衡
趙允鼇

贊成人

趙鳳齡
丁衡山
趙永豐
王淵度
劉恒泰
王庚先

古光洋
泮鑑三
楊漢光
楊健晉
羅飛聲
魯鴻理

孟廣鐸
孟廣鑫
孟廣錫
鄭祖培
魯鴻琳
楊毓璋

王作賓
郭樹楠

附錄

趙承欽

王蔭坦

李　浵

趙允治

盛浩然

孟鍾嶧

姚　昱

魏士駿

閻鳳岡

學海

甲乙兩編　每月發刊

兵戰不如商戰商戰不如學戰處今日鬪智之時代靡不巧挴周流精心冥造以求瀹淪智識震撼文明倘欲墨守陳遺封囿故步而犄角於二十世紀其不歸於劣敗者尠矣歐風東漸時局阽危海內同胞咸懷睽瞿斷斷焉以攻究科學爲上策然新機乍萌苦迷津逮此揚子所謂熒魂曠枯糟孚曠沈槞埴索塗冥行而已者也

本社有慨於此。以紹介世界學說。發揚祖國新知爲宗旨。渙號同志。共輯斯編。概曰學海。分甲乙二冊。文法政商隸於甲。理工農醫隸於乙。說理樸實選詞雅馴世之潛志科學攖心世局者亮以先睹爲快也

每冊銀圓三角　全年三圓　半年一元六角

日本東京本鄉西須賀町九番地

北京大學留日學生編譯社啓

定•期•出•版

!!! 學海之特色 !!!

本社所出學海綜其內容計有六種 一學說 二叢譚（皆係分科編譯唯篇幅有長短之分） 三附錄（如小說詩文等類皆以編譯爲主） 四提要（係就海內外新出書報擇尤提要） 五調査（吾國年來派人來東調査一切然其所得皆未能公諸國民本報特設此門藉補其闕） 六紹介（此係對日本商工業界及我國之與日本商工業界有關係者而言） 雖每號不能備載然必載有三種以上是爲學海特色購閱諸君幸留意焉

夏聲雜誌出版廣告

劉覽中國四千年建邦史古代文明盛稱西北炳炳蔚蔚宏我漢京祖宗之光亦我同胞之榮也時轉勢移舊態全更比者日俄戰爭結果斯拉夫民族視線頓轉蒙彊隸於範圍陝甘危在旦夕破竹勢成全國是慮哀我秦隴尙安枕席大地河山鎖殘春夢黃河奔瀉而失聲華嶽滲淡以無色馬嘶邊草逐胡空憶廉頗之才人泣秦廷憂國徒灑包胥之淚同人鑒玆痛祖國之沈淪念桑梓之危急用是組織此雜誌月刊一冊其主意在經營蒙彊防衛西北助我同胞之不逮而以開通風風湔除弊俗**發揮固有文明灌輸最新學說鼓國民獨立之精神**爲宗旨競芳英各以所得爲社會益智椋爲國民導海鏡誠開闢西北之巨斧醫國聖手亦可藉此作病源論矣第六期已出版閱者曷爭先睹

日本東京小石川區第六天町四十番地

夏聲雜誌社啓

法政新報廣告

本報同人慨國家思想之薄弱。圖政治觀念之發生。爰組織斯報。以研求專門法政學科。普及國民法政知識爲宗旨。由留東治法政學者。分擔筆政。以法爲體。以政爲用。凡與我國政俗上適宜者。尤爲敬謹貢獻。冀鑄成法治國國民之資能。採世界最新之政說。造我國最良之政體。提起自治制度。預備參政精神。誠我國法政學界上唯一無二之大王也。凡廿類。(一)社說(二)憲法(三)行政法(四)民法(五)商法(六)刑法(七)訴訟法(八)國際法(九)經濟學(十)監獄學(十一)海陸軍刑法及海陸治罪法(十二)憲兵學(十三)警察學(十四)外國語法政會話英德法(十五)歐美法政留學界通信(十六)日本講師質疑(十七)調查(十八)雜纂(十九)紀事(二十)文苑

日本東京牛込市ヶ谷加賀町一丁目四番地

法政新報社

滇話報廣告

我華四萬萬皇漢同胞中能讀雜誌者有二萬萬則能讀滇話者必四萬萬矣其功効較雜誌爲如何此滇話之所以不可無也現在三號已出版矣全年定價一元半年五角八分零售一册一角

日本東京下谷區上野町二丁目二十四番地

滇話報社謹啓

售報價目表

全年	十二冊	二元
半年	六冊	一元一角
零售	一冊	二角

郵費外加

廣告價目表

期限	一頁	半頁
一期	六元	四元
二期	十一元	七元五角
三期	十五元	十一元
半年	卅元	廿一元五角

廣告取次所 河南編譯部

東京代派所

神田駿河臺 中國留學生會館
仝 神保町 中國書林
仝 三省堂
仝 富山房
仝 小川町 中日書局

牛込早稻田 同文館支店
今川小路 振華書局
南神保町 羣益書社

西歷八月三日印刷
中歷七月七日印刷
西歷八月五日發行
中歷七月九日發行

編輯兼發行人 武人
東京市神田區中猿樂町四番地
印刷人 藤澤外吉
東京市小石川區大塚窪町壹番地
編輯所 河南編譯部
東京府北豐島郡巢鴨村九八七番地
發行所 河南發行所
東京市神田區中猿樂町四番地
印刷所 秀光社
河南省城內西大街路北
內地總發行所 大河書局